DIANA
REQUIEM POR UNA MENTIRA

DIANA
RÉQUIEM POR UNA MENTIRA

«Al lector comprometido»

Índice

Introducción de última hora 13

Prólogo 17

Confesión.. 21

SOSPECHA 25

Donde nadie me ve.. 26

¿Amor o interés? 30

Discurso de Charles Spencer en el funeral 34

Sospecha.. 40

APERTURA.. 45

Great Brington.. 46

Diana y Sissi 49

Diciembre 2016 49

Notas para cicerones *St Mary the Virgin* 63

RADIOGRAFÍA 77

Perfiles 78

Perfil de una Princesa, Diana Frances Spencer 79

Los amantes de Diana.. 96

Radiografía de Diana Frances Spencer 99

Perfil de Príncipe, Charles Philip Arthur George 103

Radiografía del Príncipe Carlos 116

Perfil: cómo se construye un compromiso 118

Objetivo Pigmalión: construir una princesa...... **128**

«Autopsia» del matrimonio **134**

Y digo que… **147**

TRAGEDIA 151

Premonición de la princesa **152**

Mohamed Al-Fayed y Michael Cole **152**

Barry Mannakee......................... **161**

James Hewitt......................... **163**

Peter Settelen **167**

Testamento de Diana completo 169

Simone Simmons **180**

Grahame Harding **183**

Lord Mishcon....................... **184**

Roberto Devorik **185**

Hasnat Khan **187**

Paul Burrell........................ **190**

La carta manuscrita de la Princesa Diana............ 190

La incómoda pregunta ¿planificó asesinar a su esposa? **192**

Diana se siente amenazada de muerte 193

El último verano de Diana **196**

INVESTIGACIÓN.............................. 215

La noticia............................. **216**

Mis dudas **218**

Primera duda: los medios en alerta 218

Segunda duda: un conductor rico 221

Tercera duda: problema con las cámaras 226

Cuarta duda: demasiado tiempo al hospital 227

Quinta duda: «ese» hospital 228

Sexta duda: tan rápido en limpiarlo todo 229

Séptima duda: el coche misterioso 230

Octava duda: una explosión 232

Novena duda: fogonazo en el túnel 232

Décima duda: embalsamar sin permiso 233

Undécima duda: informe médico desaparecido 234

Duodécima duda: anillo ignorado 236

Testimonio de Alberto Repossi ante la policía.... 236

Decimotercera duda: ¿conspiración? 238

Dudas y preguntas por resolver 239

Dudas, dudas, dudas… 240

Cronología de la Investigación 241

Investigación francesa 247

Declaraciones de la jefe de la brigada criminal... 248

Paparazzi detenidos por la policía francesa 251

Apertura de la investigación francesa 268

Revista *INTERVIÚ,* Diciembre de 1997 272

El paseo del Ritz a Alma 280

Declaración de Richard Tomlinson 292

Declaración jurada de Richard Tomlinson 293

Informe Paget **305**

Entrevista a Mohamed Al-Fayed 306

El Fiat Uno blanco (entrevista a Michael Cole) .. 310

La autopsia (entrevista a Michael Cole) 312

La investigación de Al-Fayed (Michael Cole) 314

Henri Paul **327**

Expertos de Al-Fayed para la investigación 327

Extractos de la autopsia oficial de Henri Paul ... 329

Para terminar **340**

Y MÁS… 343

Genealogía de Lady Diana Spencer **344**

Mis referencias **350**

Introducción de

última hora

Madrid, febrero 2021

Y vuelta a empezar

No tengo intención de rendirme. Aunque termine el libro, aunque finalice un reportaje, aunque me digan que lo haga. No voy a rendirme. Porque mi investigación sobre lo que sucedió la madrugada del 31 de agosto en el túnel del Alma de París, no tendrá fin hasta que todas las preguntas consigan respuestas. No es tarea fácil, doy fe de ello. Me he involucrado, eso sí, en nuevas investigaciones, y nuevos proyectos. Sin embargo, nunca dejo atrás de forma definitiva un trabajo cuando está inconcluso. Y éste lo está. Creo que se lo debo a los que ya no pueden hablar, a los que no pueden contar lo que sucedió, y cómo les sucedió. En palabras de Voltaire *«A los vivos les debemos respeto, pero a los muertos solo les debemos la verdad»*. Cierto.

Esto fue así: En 2017 descubrí unos documentos en la Iglesia *Santa María la Virgen*, localizada en Great

13

Brington, cerca de Althorp; la finca familiar de los Spencer (se los incluyo en este libro para que pueda leerlos), que me hicieron sospechar que, en su cripta, donde también se encuentra enterrado el padre de Diana, se hallaban los restos de la princesa de Gales.

A partir de ese hallazgo, fui encadenando una serie de datos que me llevaron a concluir que el cuerpo de Lady Di no descansaba en la finca de los Spencer, dónde nos habían dicho que estaba. Allí, únicamente se encontraba –se encuentra– el mausoleo que se construyó en su memoria. Nada más.

A todo esto, quiero añadir, que pocos meses después de haber publicado este libro en español, el mismo Earl Spencer, hermano de la princesa, confirmó en algunos medios de comunicación, que el lugar exacto donde está enterrada la princesa es un secreto por razones de seguridad, y que, en Althorp, en la pequeña isla en medio del lago, él erigió un memorial para recordarla. Y, eso es exactamente lo que usted encontrará si se desplaza hasta allí, un memorial en su recuerdo. Si antes paga su entrada, claro. Allí, gratis no encontrará nada. Eso también se lo cuento más adelante.

También podrá comprobar en estas páginas una de los acontecimientos que más me impactó descubrir, y que tanto amigos de la princesa, como diferentes rotativos me dieron la razón un tiempo después de haber publicado la noticia: el ataúd donde se supone que iba el cuerpo sin vida de la princesa de Gales el día del multitudinario funeral, estaba vacío. El motivo, podrá leerlo más adelante.

Menos agradable me resulta recordar, cómo algunos medios británicos publicaron la noticia que salía como

*Edición del **Daily Star** del 23 de Julio de 2017, plagiando la investigación de mi libro e incluso mis fotos sin citarme. Ni siquiera respondieron a la carta que les envié. Otros medios ingleses se comportaron de la misma forma.*

exclusiva en mi libro, adjudicándose la investigación. Lo hicieron con alevosía y a hurtadillas; por lo bajini, y meses después de que este libro viera la luz. Desde luego, sin indicar sus fuentes, ni el motivo que les llevó a esa conclusión. Podía haberles demandado, claro que sí. Como mínimo, para darme el gustazo de que se les interrogara, y de poder ver la humillación de algunos que dicen llamarse periodistas, cuando en realidad solo saben plagiar el trabajo de otros. Pero no lo hice. Me parece más elegante contárselo a usted ahora mismo, en esta, mi casa. Estoy segura de que también lo leerán.

Otras cosas que podrá leer aquí, hacen referencia al perfil psicológico de Diana, del príncipe de Gales, y de ambos como pareja. Le confieso que yo misma aprendí mucho elaborándolos, y extraje importantes conclusiones. Espero que también le sirva.

En los perfiles psicológicos, a veces se descubre que las cosas no siempre son lo que parecen

También encontrará documentos importantes como el testamento de la princesa, y sus últimas voluntades, de las que no deseo adelantarle ni una pizca en este momento. Mejor que lo descubra usted.

Por último, no podía faltar escribir sobre la investigación británica y la francesa, que se llevó a cabo tras el accidente. Aquí, encontrará bastantes documentos sobre ellas. Y, le digo en confianza, que de la investigación francesa estuve de suerte consiguiendo parte de una documentación clasificada como *«Alto Secreto»*, que no se hará pública hasta el año 2082, y 2107. Curioso el dato, partiendo de que oficialmente se concluyó que la muerte de la princesa, de Dodi, y del chófer, se debió a un accidente de tráfico. Si es así, no entiendo el secretismo ¿usted lo entiende?

Hasta el año 2082, incluso 2107, no se hará público el informe francés, sobre la investigación de la muerte de la princesa Diana, Dodi Al-Fayed, y Henri Paul, Clasificado como «Alto Secreto»

Y, no quiero despedirme sin decirle que este libro no es un veredicto, sino, en el mejor de los casos, una cadena de sugerencias, que usted puede rechazar o discutir. Una serie de páginas estudiadas por mí, que, quizás, también encuentre útiles para seguir su propia investigación. Usted decide.

Bienvenido a la verdad. Entre si quiere.

Prólogo

Las dudas de Concha Calleja

Desconozco qué fue de Diana. Y entiendo que usted, lector, también; y que por eso está interesado en leer este libro. Es razonable, ya que nos encontramos ante uno de los fallecimientos míticos del siglo XX, una de esas muertes que caen sobre los calendarios haciéndolos estremecer. Murió una mujer hermosa y doliente, una princesa, una señora dada a la filantropía, una heredera de las pasiones del pueblo, una habitante de las portadas de la prensa de sociedad, una miembro de la realeza... Casi diríamos que aquella muerte fue plural, proteica. Y hablo en sentido estricto de la muerte de Diana, aunque ya sabemos que Dodi Al-Fayed y Henri Paul hallaron también su abrupto final aquel 31 de agosto de 1997.

Y es que cuando alguien tan protagonista muere y lo hace de manera turbia, poco clara, de inmediato se producen dos hechos casi simultáneos: despierta la suspicacia general que sospecha que no se ha contado todo, y a la vez se acciona una potente maquinaria que establece cuál es el relato oficial de lo que ha ocurrido. Es usual que ambas fuerzas se contrarresten, como si estuviesen descritas por una suerte de Isaac Newton experto en el fenómeno de la opinión pública. En el caso que nos ocupa, la muerte de Diana despertó unos resortes tan poderosos, que dos décadas después preguntar por lo que ocurrió en el Puente del Alma casi suena a herejía.

Pero sobre el silencio marmóreo de dos décadas de versión inamovible, suenan los acordes de la melodía de las dudas. Las entona Concha Calleja, que tiene un arma de investigación poderosa, casi diríamos que aristotélica: preguntarse el porqué de las cosas. Yo la he visto enfrentarse a muchas verdades oficiosas, oficiales, como queramos llamarlas. Las verdades que nos llegan desde el poder, para que nos entendamos. Por sistema, ella siempre actúa de la misma forma, que consiste en no creer ni descreer nada. Porque para Calleja esto no es una cuestión de confianza, sino de comprobación. Quiere saber por qué se dice lo que se da por sentado. Quién lo dice. Qué intereses mueven al estamento en cuestión. O sea, se pregunta por qué, por qué, por qué. Y no le basta con una nota de prensa, con una sola versión del asunto, ni siquiera con lo que sostenga un testigo. No disipa sus preguntas ante la unanimidad de los demás. Calleja comprueba por sí misma y bucea en los hechos. Al igual que lo hace su admirado Sherlock Holmes cuando afirma que construye su trabajo con los «datos, datos, datos», Concha Calleja no fabrica ladrillos sin arcilla, no deduce sino a partir de lo que ha ocurrido, y nunca de un juicio hecho a priori, de una ideología o del arrullo de un poderoso.

Tal cual. Es lo que lleva veinte años haciendo respecto a lo acontecido en aquel accidente mortal. Fuera accidente... o no, ella lanzó a sus preguntas como «sabuesos» y personalmente ha indagado, ha acudido a los lugares donde se desarrollaron los acontecimientos, ha interrogado a gentes que no habían hablado con nadie más. Y ha llegado hasta el límite, como se ve en este libro. Cuando todos buscaban certezas, ella encontró preguntas nuevas. Nuevas y asombrosas.

Ya le dije al principio, lector, que yo no sé qué pasó con Diana. Pero sí puedo asegurarle algo: a mí me gustaría muchísimo que mis afirmaciones disfrutaran de la misma hondura que tienen las dudas de Concha Calleja. Después de leer este libro, usted quizá no sepa todo sobre la muerte de Diana. Pero casi.

Manuel Valera
Escritor y periodista

19

Confesión

Me declaro culpable, y no es mi intención la de ser perdonada. Reconozco que para hacerles hablar y obtener documentación, recurrí a ciertas estrategias que no vienen a cuento que las explique ahora. También confieso que me filtré en lugares donde no me estaba permitido, y que en otros tomé algunas grabaciones y fotografías. Sin embargo, dispongo en mi agenda de varios nombres que lo pueden refrendar porque se encontraban conmigo en el momento en que realicé las investigaciones y entrevistas, aunque tampoco los diré (o no todos).

Para no enredar la madeja en exceso, ya desde el comienzo, solo le adelanto el apunte de un par de ellas. Para conocer el resto, deberá involucrarse como parte de la investigación de este libro. No se lo voy a poner tan fácil.

Ahí estaba él, Mohamed Al-Fayed, en su apartamento de los Harrods, donde acababa de invitarme a un té y de regalarme un lingote de oro, que en realidad era de chocolate. Un decorado exquisito: mesa y sillas isabelinas, espejos sobre las paredes tapizadas,

21

iluminación acogedora y fotos, muchas fotos, aunque la que más despertó mi atención fue la de Mohamed Al-Fayed con Diana y sus hijos pequeños. Obviamente, una muestra de que el magnate y la princesa eran amigos desde hacía mucho tiempo.

Envuelto en un impecable traje de alpaca, con camisa de seda a rayas, y adornando el cuello con un elegante pañuelo en el mismo tejido, me saludó con toda la exquisitez de un lord inglés. Sin embargo, sus exóticos rasgos egipcios lo delataban; también lo hacía una esfinge de Tutankamón con su cara, situada en la escalinata de bajada al memorial de Diana y Dodi.

No hubo mucho preámbulo, él quería hablar y yo escuchar, así que empezamos con diligencia. Únicamente, un tema me estaba prohibido: hablar sobre los cuerpos sin vida de Diana y Dodi, su hijo. Para ese menester me presentaría a Michael Mann, su hombre de confianza. No obstante, la intimidad de la conversación y las novedades sobre su investigación —en ese momento inéditas—, hicieron que me saltara la única norma que me había sido impuesta. No digo más. El resto, una veintena de titulares, siendo el más impactante verle llorar, y su declaración firme y convencida de que «a Diana y a Dodi los asesinó el duque de Edimburgo —el marido de la reina—. Es un auténtico nazi». Son sus palabras, y así las expongo. Si se trata de mero murmullo o es una verdad como un puño, es algo que dejo para el lector.

Durante las varias horas que pasé con Mohamed Al-Fayed, me contó cómo había llevado a cabo la investigación paralela que había hecho, y en la cual había invertido tres millones seiscientas mil libras esterlinas. Me dio documentación, lo que hizo la pareja el último día de su vida, acreditaciones y nombres, siendo el más valioso de ellos el de Albert Repossi, el joyero que le vendió el anillo de compromiso a Dodi la tarde antes de su «accidente», y que la policía francesa y Scotland Yard, obviaron hasta diez años después. Con él hablé una semana más tarde en su despacho de Mónaco. En un principio, me dijo que no podía hacer fotos del anillo, sin embargo, aquí lo podrán ver. La siguiente confesión me lleva a un lugar de la campiña inglesa. Allí me serví de numerosas maniobras para conseguir lo que necesitaba; me colé en el cementerio de noche, también en la iglesia. De esos lugares, y algunos más, obtuve documentación importante para este libro. Asistí a un oficio anglicano, y me hice pasar por turista para obtener toda la información que aquí podrán leer. En algunos casos, incluso grabé con una cámara oculta, aunque esas imágenes las guardo para mí. Nunca se sabe.

P.D. Este libro está estructurado en siete partes. Ni una más, ni una menos. Es todo el orden que va a encontrar. Ya que he confesado una falta no he deseado cargarles con la de la monotonía.

SOSPECHA

Donde nadie me ve

Tengo la sospecha de que el cuerpo de la princesa Diana no descansa en la pequeña isla artificial de Althorp —la finca de la familia Spencer y cuna de Diana—, donde dicen que fue enterrada, y donde se desplazan al año cientos de turistas para rendirle homenaje frente al mausoleo que su hermano Charles, el IX conde Spencer, se apresuró a construir tras su muerte, y que ha convertido en todo un negocio. No, todas las pruebas apuntan a que la princesa no yace ahí, y la caja de los truenos queda abierta. La isla es solo eso, un negocio; un negocio muy rentable —del que hablaré más adelante—, y que convirtió los números rojos de la familia Spencer en un fructífero holding empresarial.

Para poneros en situación, le dejo un plano de la localidad, y le añado que Althorp se encuentra situada en el condado de Northamptonshire, en lo que se conoce como la campiña inglesa. Althorp es la mansión de 5.300 hectáreas donde la princesa Diana vivió su infancia desde 1975 —a la muerte de su abuelo—, junto a su padre, el VIII conde Spencer, y sus tres hermanos, Sarah, Jane y Charles. Tras morir la princesa, su hermano Charles, que dirigía varios negocios con pérdidas extraordinarias, montó uno más, el que yo llamo «*Dianalandia*». De ello le contaré después. El caso es que, al fallecer Diana, Charles decidió enterrarla en una isla artificial dentro de la propia finca.

Verá. Hace aproximadamente un año me invitaron a escribir de nuevo sobre la princesa Diana. Reconozco que, en mi libro anterior, Diana de Gales, me van a

26

Mapa del Condado de Northamptonshire
y su situación en Inglaterra.

asesinar, me satisfizo mucho poder contar cosas que, en ese momento, no formaban parte del dominio público.

Este es el motivo de que en este nuevo trabajo me propusiera aportar cuantas más novedades mejor. Cuando empecé a escribirlo contaba con numerosos datos sobre Diana, sin embargo, al revisar de nuevo cierta información —entre ella, la de su entierro, su divorcio—, me llamó poderosamente la atención el apunte de que, en pleno desbarajuste emocional de Diana con motivo de su separación matrimonial del príncipe Carlos, la princesa llamó a su hermano para explicarle la situación y pedirle que si podía regresar a la que había sido su casa, hasta que pasara el boom mediático de la noticia, o bien, que le dejara utilizar alguna de las casas independientes localizadas en la propia finca. La reacción de Charles fue responderle mediante una carta en la que le negaba cualquier tipo de ayuda y se excusaba diciendo que Althorp era un lugar tranquilo y que su presencia alteraría la armonía de su hogar.

Entonces, me dije, si un año antes el hermano le había negado a la hermana el auxilio que esta le rogaba, presuponiendo él que su presencia rompería la tranquilidad de su hogar, ¿qué había cambiado unos meses después para que llevara su cuerpo a Althorp? Más aún, si Charles no deseaba que nadie enturbiara su paz, ¿por qué monta un negocio de restauración, tienda, visitas guiadas... y más?

Y, sigo cavilando. Si el hermano de Diana lo hacía como arrepentimiento por haberle negado ayuda, entiendo que hubiera bastado con enterrarla en la finca. ¿Hacía falta entonces patentar su nombre y montar un parque de atracciones?

«Si yo hubiera cuidado de la princesa Diana en vida como está cuidada muerta estaría despedido». Estas son las declaraciones que su ex cocinero, Darren McGrady, hizo en su cuenta personal de Twitter después de pagar su entrada para ver el memorial de la princesa, y comprobar cómo estaba cubierto de verdín y cuarteado por grietas que evidenciaban el mal estado del mausoleo y la falta de limpieza general. Tengo que decir que, gracias a estas declaraciones, el conde Spencer cerró el chiringuito durante un año para realizar obras que estarán terminadas en el verano de 2017. Imagino que esperando la masiva afluencia de personas que acudirán en el 20 aniversario de su muerte.

Según el hermano de Diana las obras van a costarle algunos millones de libras. Lo que no dice el conde es lo mucho que ha rentabilizado la marca Diana.

Por lo que he podido saber, las nueve empresas —actividad agropecuaria—, a nombre de Charles Edward Maurice Spencer — Althorp Farms Limited, Althorp Energy, Althorp Nominee Two Limited, Althorp Nomenee One Limite, Spencer 1508 Limited, Whole Child Uk, Everitt and Everitt Limited, The Hollywell Partnership Limited, y Falconry productions Limited—, tenían en su conjunto pérdidas de casi 500.000 libras esterlinas el año 1997 —año en que murió su hermana Diana—, y esto sin contar las pérdidas que llevaban acumuladas.

Ese mismo año, el conde Spencer barajaba varias opciones para sanear su economía: vender la mansión o traspasarla a una multinacional hotelera. Pero la clave del negocio redondo llegó con el fallecimiento de la princesa, y la construcción de «*Dianalandia*».

Champagne Charlie —como le llaman, por su debilidad hacia esta bebida—, saneó sus deudas y montó una nueva empresa, Spencer Enterprises, que es de la que depende el negocio mortuorio.

Un negocio de mucho futuro.

En el año 2016, la empresa ingresó unos beneficios de 718.642 libras esterlinas, mucho menos de los casi 20 millones de libras que se embolsó un año después del fallecimiento de la princesa, y mucho menos de lo que se espera ingresar en los aniversarios conmemorativos. Todo esto sin tener en cuenta las sumas que repercuten de la tienda de souvenirs —donde se pueden encontrar productos con la imagen de Diana, de más de 100 libras—, ni los beneficios de la cafetería restaurante, ni los de los banquetes o el hospedaje en la que fue la habitación de la princesa, en la que se puede dormir por unas 40.000 libras la noche.

A la vista del gran éxito económico que se obtenía con el retrato de Diana, la cosa fue más allá, y el conde Spencer ofreció una «*Terapia para olvidar*», a la que llamó *Course to offer Diana Therapy*. Se trataba de un curso terapéutico que prometía curar el desasosiego y la ansiedad producida por la muerte de la princesa. Por 60 libras, los afectados por la pérdida podían enfrentarse a una terapia colectiva de dos días, bajo la instrucción de asistentes sociales y psicólogos. Todo un detalle.

En fin, tal vez, ese sea el motivo por el que Charles Spencer cambió su opinión sobre la tranquilidad. Debe recordar que era del dominio público que Diana y él no se hablaban por haberle negado, con la excusa de la tranquilidad, alojamiento cuando la princesa se lo pidió. *Di, Diana, Di, Dinero*.

¿Amor o interés?

Pero la cosa no queda ahí, porque este es el primer escalón del libro que me llevó a plantear seriamente si Diana estaba enterrada en ese lugar «*tranquilo*». Como ya habrá hecho su propia deducción, entenderá porque me cuestioné este dato tan escalofriante. Luego vinieron otros datos, y otros más.

Estoy convencida del peligro que tiene hacer este tipo de revelaciones; encontrarme sola ante la extraña mirada de todos los que lean este libro y que no entiendan en absoluto lo que les estoy contando, y por qué me parece tan importante hacerlo. Sin embargo, estoy convencida de que eso no es lo peor. Lo más infame es que el secreto lo siga siendo, y no por falta de un narrador que lo cuente, sino por la carencia de un lector comprometido. Por ese motivo, voy a hablarle a usted directamente, que me está leyendo.

Les guste a algunos, o no, Diana sigue presente en Gran Bretaña y en el mundo. Seguimos recreándola en mil versiones distintas, en el cine, en la literatura, en la moda... Y cada año, las personas que la recuerdan llegan a Althorp convencidas de que su cuerpo descansa ahí. Muchos se recrean en su vida; la imaginan, la sueñan y, siendo honestos, también les mueve la conspiración —porque todo sugiere que la hubo—, y la sangre que puso punto final a su vida. Otros debaten sobre las causas de su muerte y afirman, sin documento alguno, que fue un infortunado accidente, y que obviamente sus restos están en la finca familiar. La gente sabe mucho de muertos.

Lo cierto es que el cuerpo de Diana después de muerta tuvo tanto trasiego como en vida. Desde París, sus restos fueron trasladados hasta Londres en un ataúd de madera envuelto en el estandarte real y cubierto con una bandera de honor, que cargaban soldados franceses. Ya en Londres, sus restos descansaron durante unos días en la capilla real del palacio de St. James. Allí, en la más solemne privacidad, la familia le dio su último adiós a Diana y selló su ataúd para siempre. Con esta acción —según la versión oficial—, se aseguraban de que nadie pudiera verla y su recuerdo estuviera eternamente ligado a la belleza y el glamour con el que la identificaban

Palacio de Kensington.

millones de personas en todo el mundo. Tiene lógica, pero no me lo creo.

En cambio, el cuerpo de Dodi fue sepultado la misma noche del domingo en un cementerio de la localidad de Brookwood, en el condado inglés de Surrey. Su cuerpo llegó a las 19 h a la mezquita del Regent's Park londinense, y la policía instaló un semáforo permanentemente en rojo que prohibía el tráfico en las inmediaciones del templo; al mismo tiempo, incrementó las medidas de seguridad en los alrededores con la intención de controlar a la gran multitud de curiosos que se habían desplazado hasta allí.

El féretro se colocó mirando hacia La Meca, sobre un catafalco negro con versículos del Corán, siguiendo en todo momento la tradición musulmana. Después el imán de la mezquita recitó las plegarias del funeral y Mohamed Al-Fayed se despidió de su hijo diciendo *«Ahora ambos tienen paz… Nunca podré hacerme a la idea y aceptar la muerte, cruel e innecesaria, de dos personas generosas llenas de vida».*

Minutos después el cuerpo de Dodi fue sepultado en el cementerio, contradiciendo el rumor popular que aseguraba que sus restos serían inhumados en Alejandría (Egipto), la ciudad donde nació.

Desde St. James, el féretro con los restos mortales de la princesa de Gales fue trasladado al palacio de Kensington, el que hasta entonces había sido su residencia. Diana vivió en los apartamentos del ala noroeste del palacio, desde el año 1981 hasta el día de su muerte, concretamente, los números 8 y 9 (ahora vive su hijo Guillermo con Catalina y sus hijos).

En Kensington permaneció hasta el día del funeral, en que el mundo entero pudo ver como el ataúd cubierto por la bandera real y tres ramos de flores, fue escoltado por su familia hasta la abadía de Westminster, donde diseñadores de moda, artistas, políticos, nobles y amigos de la princesa, se despidieron de ella para siempre, o tal vez, creyeron hacerlo.

El ataúd de Diana atravesando las calles de Londres.

El cortejo fúnebre, de seis kilómetros y medio de largo, fue encabezado por sus hijos —Guillermo y Enrique—, su ex marido —el príncipe de Gales—, el duque de Edimburgo y su hermano, Charles Spencer. El oficio del entierro comenzó a las 11 h de la mañana y duró aproximadamente una hora. Durante el mismo, se recordaron muchos momentos de la vida de Diana y se amenizó con música tradicional y moderna, incluyendo algunas lecturas, tres de ellas de sus hermanos. Jane, su hermana pequeña leyó un poema de Henry Van Dyke:

Time is too slow for those who wait, too swift for those who fear, too long for those who grieve, too short for those who rejoice, but for those who love, time is eternity.

(El tiempo es muy lento para los que esperan, muy rápido para los que temen, muy largo para los que sufren, muy corto para los que gozan, pero para quienes aman, el tiempo es eternidad).

Aunque, sin duda, el que conmovió a todo el mundo fue el de su hermano Charles, en un emotivo discurso que podrá leer en el recuadro siguiente. Si sus palabras fueron sinceras, o no, lo dejo a vuestro juicio cuando termine de leer el libro.

DISCURSO DE CHARLES SPENCER EN EL FUNERAL

Hoy estoy ante vosotros como representante de una familia a la que embarga la pena. En un país de luto. A todos nos une, no solo el deseo de expresar nuestro respeto a Diana, sino también nuestra necesidad de hacer con los más necesitados. Para tales, estaba su súplica extraordinaria que los diez millones de personas que participan en este servicio en todo el mundo, vía televisión y radio, y que la satisficieron realmente, sienten que perdieron también a alguien cercano a ellos la madrugada de este domingo. Ese es el tributo más notable que puedo esperar ofrecerle hoy a Diana.

Diana era la esencia misma de la compasión, del deber, del estilo, de la belleza. En todo el mundo era un símbolo de humanidad desinteresada. Era un estandarte de los derechos de los desheredados. Diana era muy británica, pero trascendía nacionalidades. Era alguien con una nobleza natural que no creía en las clases y que en los últimos años demostró que no necesitaba ningún título real para seguir generando su magia particular y contagiar su particular encanto

Hoy es nuestra oportunidad de decir «*gracias*» por la forma en que iluminó nuestras vidas, a pesar de que Dios le concedió solo la mitad de una vida. Todos nos sentiremos tristes, siempre, porque te fueras tan joven y, sin embargo, debemos aprender a estar agradecidos de que estuvieras entre nosotros. Solo ahora

El discurso de Charles Spencer en el funeral de Diana de Gales.

35

que te has ido, realmente apreciamos lo que era tenerte, y queremos que sepas que la vida sin ti es muy, muy difícil. Durante la semana pasada, nos hemos desesperado por tu pérdida, y solo la fuerza del mensaje que nos diste a través de todos estos años, nos mueve a adelante. Hay quien se apresura a decir que deberías ser canonizada. No hay necesidad de hacerlo; estás lo suficientemente arriba como un ser humano de cualidades únicas que no necesita ser vista como santa. De hecho, santificar tu memoria sería perderse el núcleo mismo de tu ser, tu maravilloso y travieso sentido del humor, siempre con una sonrisa que transmitías dondequiera que estuvieras: el brillo en esos ojos inolvidables, tu energía ilimitada que apenas podías contener.

Pero tu mayor regalo fue la intuición, y fue un regalo que usaste sabiamente. Esto es lo que sustentaba todos tus otros atributos maravillosos. Y si intentamos analizar cuál era realmente tu atractivo, lo encontramos en tu sensación instintiva para lo que era realmente importante en todas nuestras vidas.

Sin tu sensibilidad dada por Dios, estaríamos inmersos en una mayor ignorancia ante la angustia del sida y los enfermos de VIH, la situación de las personas sin hogar, el aislamiento de los leprosos, la destrucción aleatoria de las minas terrestres. Diana me explicó una vez que fueron sus sentimientos más profundos de sufrimiento lo que le permitió conectarse con su electorado de los rechazados.

Y aquí llegamos a otra verdad sobre ella. A pesar de todo el estatus, el glamour, los aplausos, Diana era una persona muy insegura, tenía un corazón, casi infantil en su deseo de hacer el bien a los demás para poder liberarse de profundos sentimientos de indignidad, de los cuales venían sus trastornos alimentarios, que eran simplemente un síntoma. El mundo sentía esta parte de su carácter y la acariciaba por su vulnerabilidad, mientras la admiraba por su honestidad.

La última vez que vi a Diana fue el primero de julio, su cumpleaños, en Londres. Ella no se había tomado el día para celebrarlo de forma especial con amigos, sino que aceptó la invitación de honor que le hicieron para recaudar fondos para la beneficencia...

No hay duda de que estaba buscando una nueva dirección en su vida en este momento. Hablaba interminablemente de alejarse de Inglaterra, principalmente por el trato que recibía de manos de los periódicos. No creo que haya entendido jamás por qué sus buenas intenciones fueron despreciadas por los medios de comunicación, por qué parecía haber una búsqueda permanente para derribarla. Es desconcertante. Mi única explicación es que la bondad genuina amenaza a aquellos que están en el extremo opuesto del espectro moral.

Es un punto para recordar que de todas las ironías acerca de Diana, tal vez la más grande fuera esta: una chica que recibió el nombre de la antigua diosa de la caza fue, al final, la persona más cazada de la edad moderna.

Diana desearía que protegiéramos a sus muchachos queridos, Guillermo y Enrique, del mismo destino que tuvo ella, y lo haremos en tu nombre Diana. No permitiremos que sufran la misma angustia que a ti te condujo a la desesperación. Y, más allá de esto, en nombre de tu madre y hermanos, te aseguro que nosotros, tu familia de sangre, haremos todo cuanto podamos para continuar con la educación que tú has dado a esos dos chicos excepcionales, para que sus almas no se vean inmersas simplemente en el deber y la tradición. Y pedimos contribuir en su educación teniendo en cuenta completamente la herencia en la cual ambos han nacido, y siempre lo respetaremos, y animaremos en su papel real, pero, como tú, también reconocemos la necesidad de que ellos puedan experimentar todos los aspectos de la vida para poder conseguir su enriquecimiento espiritual y emocional en los años venideros. Sé que no esperarías menos de nosotros. Guillermo y Enrique, nosotros os deseamos desesperadamente todo lo mejor. Hoy todos ven con tristeza la pérdida de una mujer, y vosotros a vuestra madre. Sé que es grande vuestro sufrimiento, tanto que no podemos llegar a imaginarlo.

Quisiera terminar agradeciendo a Dios por la compasión demostrada en este terrible momento en que se ha llevado a Diana en su máxima belleza y esplendor, en un momento de su vida lleno de felicidad. Sobre todo, dar las gracias por la vida de una mujer a quien estoy orgulloso de llamar hermana. La única, la compleja, extraordinaria e irremplazable Diana, cuya belleza, tanto interior como exterior, nunca desaparecerá de nuestras mentes.

Después de la ceremonia —6 de septiembre—, su ataúd fue nuevamente trasladado por carretera hasta la mansión de Althorp House, propiedad de la familia Spencer —y cuna de Diana—, donde su cuerpo fue inhumado en una ceremonia privada, que como única representación de la familia real solo estuvo el príncipe de Gales. A partir de este momento surge la controversia y mientras unos aceptan esta versión oficial de que los restos de la princesa se encuentran en la pequeña isla que rodea el fastuoso lago de Althorp, en el templo que guarda un mausoleo de mármol y una imagen de Diana, otros albergan serias dudas sobre esta cuestión. Yo, sin ir más lejos.

He recopilado datos, información veraz que aislada no tendría más importancia, pero haciendo una cadena

El ataúd con el cuerpo de Diana Princesa de Gales, es llevado en la Abadía de Westminster por los soldados de la Guardia Galesa durante la ceremonia del funeral en Londres el sábado 6 de septiembre de 1997.

que los une, todos conforman una prueba sólida de la que se puede extraer un resultado contundente.

Por poner un ejemplo de la importancia y legalidad de extraer conclusiones basándome en una cantidad de indicios le cuento esto.

En los tribunales, si no hay una prueba plena que justifique lo que se reclama, pero hay todo un conjunto de pruebas circunstanciales que apuntan hacia un hecho, puede extraerse, según las reglas de la lógica del razonamiento humano, que se cometió el delito (o que esto o aquello nos pertenece).

Por tanto, y en el caso que me ocupa, del conjunto de pruebas circunstanciales que poseo —no meros indicios—, que tengo intención de desarrollar en estas páginas, podrá extraer la convicción —o no, eso ya se verá— de si Diana se encuentra enterrada en la isla artificial de Althorp y, otro dato relevante, si su cuerpo se hallaba en el ataúd el día en que se celebró su funeral en la abadía de Westminster. Veamos pues dónde nos llevan las reglas de la lógica.

SOSPECHA

Indicios por los que creo que Diana no está enterrada en Althorp:

— Todos los Spencer están en la capilla (mausoleo) de la iglesia Santa María la Virgen, de Great Brington.

— La isla artificial de 14.000 metros cuadrados está totalmente abandonada.

— Desde 1997 es la Corona quien escoge al párroco de la iglesia. Siempre lo había hecho la propia iglesia (tiene ocho siglos). ¿Por qué se produce el cambio?

— Los Spencer son los que financian la iglesia Santa María la Virgen.

— La noche del 4 de septiembre el crematorio de Great Brington estaba funcionando y nadie había fallecido en un pueblo de 150 habitantes.

— Según consta en los documentos de la propia iglesia, el sepulcro de su padre fue abierto el día 1 de septiembre de 1997 (un día después del fallecimiento de Diana), y cerrado nuevamente el día 4 de septiembre de 1997 (dos días antes del funeral oficial), aunque ese mismo documento señala que Diana no fue enterrada ahí.

— Su hermano siempre ha dicho que el mausoleo es un homenaje, y que el lugar exacto donde se halla su cuerpo está en los alrededores, aunque nunca ha especificado dónde.

— Si es cierto que el crematorio de Great Brington estaba funcionando el 4 de septiembre, y nadie había fallecido en el pueblo, puedo deducir que Diana fue incinerada cuando en su testamento, expresó su voluntad de ser enterrada.

— Su hermano y ella no se hablaban (él le negó ayuda cuando Diana se divorció de Carlos y le pidió una de las casas de Althorp; él le respondió por carta diciendo que no, que su presencia alteraría la tranquilidad de la finca).

— El príncipe Guillermo fue a visitar la iglesia Santa María la Virgen con Catalina antes de su boda.

— Los vecinos entrevistados aseguran que la versión oficial es que el cuerpo de Lady Di descansa en Althorp, aunque todos saben que está en la capilla con todos los Spencer.

Muchos indicios = Hecho probado.

Estoy convencida de que, a menos que se toque a los vivos directamente en algo que les atañe, lo que viene siendo normal en el mundo occidental es volver la cabeza hacia otro lado. Indiferencia callejera del pueblo.

Este es el principal motivo por el que he querido plasmar todo cuanto he visto, escuchado y leído en estas páginas escritas para muchos, pero con el convencimiento de saber que no llegarán a una mayoría —no interesa—, aunque con la esperanza, eso sí, de que algún que otro ejemplar se quede entre sus manos. La sinceridad no es prenda de buen agrado para algunos.

Cuento cosas que no se han dicho para que quede otra constancia que no las meramente oficiales. Podía no haberlo publicado, claro que sí, pero el berrinche continuaría provocándome taquicardias, y no me da la gana de contárselo únicamente a mis amigos.

En este libro les daré voz a todos los testimonios que me han sido posibles localizar, y aportaré documentos que he conseguido obtener para construir una historia muy diferente de su vida y de su muerte. He pensado que de la misma manera en que se hace una autopsia a un fallecido —por cierto, a Diana no se la hicieron—, para buscar las causas de la muerte, aquí, haré lo más parecido a una autopsia psicológica que pueda darme el resultado del origen, no solo de su muerte, sino, de todas las dudas razonables que tengo.

Empezaré contando la verdadera historia a través del perfil psicológico, mirando a Diana más allá del espectáculo al que estamos acostumbrados. Esa es la Diana que me interesa —también Carlos, príncipe de Gales— y para ello lo primero que haré será viajar a Great Brington, donde nació (y donde tengo la sospecha de que ahora descansa), después a Londres, donde vivió, y por último a París, donde murió la princesa y nació el mito.

APERTURA

Great Brington

Tal vez los apenas 150 habitantes que conforman el pueblo de Great Brington —a unos 100 kilómetros de Londres y al que pertenece la finca de Althorp—, no sientan la misma inquietud que yo al pasear por los caminos donde Diana correteaba cada día en su infancia, como también es posible que pasados veinte años de su fallecimiento, hayan normalizado que los restos de la princesa se encuentren a apenas unos metros de sus hogares, en un lugar desconocido para todo el mundo,

menos para ellos. La costumbre suele jugar esas pasadas. Sin embargo, para el forastero que se adentra en

plena campiña inglesa del condado de Northamptonshire, a unos 100 km de Londres, la sensación es bien distinta. Más aún cuando al hacer preguntas a sus vecinos. se intuye el secretismo que esconden las respuestas. Solo unos pocos se atrevieron a reconocer con sinceridad que la versión oficial sobre el entierro de la princesa no es correcta. Y a mí me hierve la sangre.

Si recordamos a Diana justo en el momento en que su imagen se hizo pública, el 24 de febrero de 1981, en el anuncio oficial de su compromiso, resulta fácil entender sus mejillas sonrojadas, incluso su timidez; ganado, paisajes verdes, aire puro y tranquilidad definen las tierras en las que había crecido.

Dos kilómetros separan Great Brington de la finca familiar de Althorp que vio crecer a Diana, y por la que curiosamente cabalgó la emperatriz Elizabeth de Austria —Sissi— un siglo antes, invitada a una cacería por los bisabuelos de Diana, Charles Robert Spencer, y su esposa Margaret Baring. Poco podía imaginar el VI

conde de Spencer, que cien años después su bisnieta calcaría una buena parte de la vida de Sissi. «*Creo que todas las mujeres fuertes de la historia vivieron un camino similar*», dijo Diana en una de sus apariciones públicas. Desconozco si cuando pronunció esas palabras se refería a la emperatriz, pero no dejo de pensar en el paralelismo de estas dos mujeres. A ambas les gustaba exhibirse, sus hermanas eran las candidatas a ser la prometida del príncipe. Las dos se casaron jóvenes, Diana tenía 19 años y Elizabeth 16. Las dos se criaron en un ambiente donde únicamente la naturaleza y la tranquilidad inspiraban a su disfrute; largos paseos, montar a caballo, la lectura junto a la chimenea... Genéticamente, las dos mujeres estaban dotadas de una belleza extraordinaria, y una clase exquisita; famosas más allá de sus fronteras; obsesionadas con su físico; hijas de un matrimonio que no llegó a entenderse y esposas de hombres infieles que las llevaron a la anorexia o la bulimia. Ninguna de las dos fue bien aceptada en su corte; ambas se involucraron en causas para ayudar a los más desfavorecidos. Y, finalmente, las dos pierden su vida prematura y trágicamente.

Sin embargo, la diferencia entre las dos la veo mucho más apreciable después de sus muertes, incluso en la actualidad. Me explicaré más adelante.

✓ They liked to show off.

✓ Les gustaba exhibirse.

✓ Sus hermanas eran las candidatas a ser la prometida del príncipe.

✓ Ambas se casan jóvenes (19 y 16 años).

✓ Dotadas de una clase exquisita, adoradas en el mundo por su elegancia.

✓ Nunca llegan a ser felices en su matrimonio ni a entenderse con sus maridos, aunque ambas intentan disimularlo.

✓ Sus esposos les son infieles durante todo su matrimonio y ellas son conscientes de ello

✓ Dotadas de una belleza extraordinaria que se hace famosa en el mundo entero

✓ Ambas padecen desarreglos alimenticios provocados por la situación: anorexia y bulimia.

✓ Se obsesionan con su físico y alcanzan una delgadez extrema.

✓ Hijas de un matrimonio que nunca llegó a entenderse.

✓ Aficionadas a los viajes (en solitario).

✓ Ninguna era querida en la corte.

✓ Tienen un lado humanitario y se dedican a ayudar a los demás.

✓ Mueren de forma trágica.

Diciembre 2016

Llegué al aeropuerto de Luton a las 4 de la tarde. Alquilé un coche para moverme con más tranquilidad por la campiña inglesa, la radio ya comentaba los posibles homenajes que se darían en Londres en 2017, con motivo del 20 aniversario del fallecimiento de la princesa. «*Los hijos de la princesa Diana, el príncipe Guillermo y el príncipe Enrique buscan financiación para construir un monumento en honor a su madre, que lucirá en los jardines del que fue su hogar, el palacio de Kensington... En febrero, en el palacio de Kensington, se inaugurará una exposición temporal que albergará los vestidos más representativos de la princesa Diana...*».

José Ignacio —mi compañero en la vida y en esta investigación. Yo le llamo mi Nacho—, hizo hábilmente de cámara, y fotógrafo. Escogió con gran esmero la casa rural donde nos hospedamos durante tres días, justo en la intersección del pueblo de Great Brington con Althorp. Desde mi ventana intuí que al día siguiente podría ver sin dificultad las dos localizaciones. Sin embargo, no pude esperar a la luz del día para desplazarme el

kilómetro y medio que me separaba de la casa hasta la iglesia del pueblo.

Cuando llegué a Santa María la Virgen no había nadie. Todo el mundo parecía reposar ya al calor de sus chimeneas y los que no lo hacían estaban concentrados en el único bar del pueblo, el pub *The famous Althorp*, donde yo iría con mi Nacho más tarde.

Me sorprendió que la verja que daba acceso a la iglesia, aunque

cerrada, podía abrirse sin ninguna dificultad. El cuidado de su fachada, del césped que la rodea y la iluminación, bajo la oscuridad de la noche, le daban un aire extraordinario y fantasmagórico al mismo tiempo. Me colé, no pude evitarlo.

Mientras Nacho hacía algunas de las fotografías que pueden ver aquí, yo me adentré con una linterna por el camino que da al cementerio y que descansa en la parte trasera de la iglesia. Caminé entré las tumbas aproximadamente 300 metros, pero no llegué hasta el final. Demasiado oscuro para identificar nada. Ya lo haría por la mañana.

En el pub cenamos con tranquilidad los platos típicos que anunciaban en la guía de viajes. Después de todo, mi intención era pasar por turista y en absoluto por escritora o periodista. Obviamente, había comprobado antes, con algunas llamadas, el secretismo que había en el pequeño pueblo sobre todo lo que pudiera referirse a

Diana. Así pues, en este viaje, para hacerles hablar, decidí utilizar la técnica del cotilleo y no de la entrevista.

Después de todo, siempre he pensado que el cotilleo muestra una saludable curiosidad por la naturaleza humana, y casi todos están dispuestos a contar lo que saben en forma de chascarrillo. No es ético y lo sé, pero lo hice.

Mi primera curiosidad era saber por qué en el pueblo donde se supone que está el cuerpo de la mujer más famosa del mundo, y que en sus primeros años derrochaban su nombre a granel, ahora, veinte años después, no había nada que hiciera mención a la princesa.

Ni rastro de los souvenirs que vendían en el pub y en la casa de correos sin discriminación, ni su imagen diciendo algo así como «*aquí comía Diana*», ni su firma en la margarina Flora, como hacía unos años aparecía. Nada. De todo el circo que me habían contado, no había nada.

No obstante, decidí esperar al día siguiente para preguntar, y concederme cierto tiempo para concentrar todas las cuestiones para las que había ido en busca de respuestas.

De regreso al hotel, y a resguardo de los menos cinco grados que marcaba el termómetro del coche, Ignacio y yo nos preparamos una infusión caliente de Earl Grey, el té preferido de la princesa Diana; cuando regresaba a su apartamento de palacio, exhausta de sus quehaceres diplomáticos, lo primero que hacía era descalzarse, pedir una hora de silencio y tomarse el Earl Grey. Siempre me ha parecido un detalle, las teteras que los londinenses dejan en las habitaciones. Saqué el cuaderno y preparamos con esmero las impresiones obtenidas y el itinerario y plan a seguir al día siguiente. Me gusta garabatear y ordenar todo lo que he hecho, y lo que me queda por hacer. Le doy un orden determinado y me resulta más cómodo para determinar más fácilmente lo que tengo, lo que me falta y con qué cuento para proseguir.

Efectivamente, amaneció con nubes, pero, aun así, podía ver con claridad la finca de Althorp. Me resultaba inquietante imaginar a Diana niña, sola, con la única compañía de su osito Bertie y de su conejo, encerrada en una lujosa jaula y sin ningún amor.

Nuevamente la radio. El locutor decía que el día, aunque nublado, no amenazaba lluvia. Eso me facilitaba llegar caminando hasta el siguiente pueblo, Little Brington, apenas a dos kilómetros de distancia, y donde también sabía que habían aprovechado el tirón de Diana para hacer caja, y a Ignacio eso le permitiría conseguir las grabaciones y fotografías sin tanta dificultad.

Little Brington es aún más pequeño, no creo que lleguen a los cien habitantes. Como en Great Brington,

únicamente cuentan con un pub, *Sarracens Head*, el mismo donde antes se podían encontrar todos los fetiches que recordaran a la princesa. Otra vez nada. Todo había desaparecido. Con un té verde di el pistoletazo de salida a las preguntas. Las hice como cualquier viajera que desea información sobre el lugar donde se encuentra. Me hablaron de la espectacular iluminación del pueblo en esos preludios navideños, de lo bien que se comía en el pub, de que la mejor cerveza que se servía fría era la «*San Miguel*», del pequeño monumento que tienen a los caídos y de la grandeza de la iglesia Santa María la Virgen, en cuyo interior se encuentra la tumba del tras tatarabuelo de George Washington. Amén de Diana, de la cripta de su familia —Spencer—, que se encuentra en el interior de la iglesia, ni de Althorp. Alarmante la amnesia colectiva.

Lo más curioso es que de Althorp no sabían ni decirnos cómo llegar. Para que se haga una idea, es como si a un madrileño le preguntan cómo llegar a la Puerta de Alcalá, a un catalán por la Sagrada Familia o a un parisino por la Torre Eiffel, y así.

No obstante, aunque reconozco que ligeramente decepcionada, decidí cambiar de estrategia y formular las preguntas desde otra perspectiva sin dejar, eso sí, mi rol de turista. Así que me hice una especie de guion en el que primero elogiaba la pulcritud del pueblo —cosa que era cierta—, y hacía hincapié en la tranquilidad y el sosiego que allí había —cosa que también era cierta—, y lo bonitos que eran los campos —cierto también—. Esos comentarios gustaban. Puedo decirle que lo puse en práctica con diez personas —las que me había

55

propuesto y, por supuesto, no a la vez—, y todas respondieron orgullosas, me hablaban de sus ganados, de lo buena que era su carne, sus quesos, sus mermeladas... Para terminar, y ya con cierto grado de confianza, me solidaricé con cada uno ellos, dando por hecho lo mucho que habría afectado a la tranquilidad colectiva la muerte de la princesa Diana hacía veinte años, y que su cuerpo estuviera enterrado en la iglesia del pueblo (aquí lo resumo, obviamente, mi argumento era algo más extenso).

No crea que me lo negaron. Lo que puede cambiar la gente cuando le doras la píldora, aunque en este caso no era mentira. En fin, cada uno con sus palabras, vinieron a decirme lo mismo: «*Los primeros años sí que venía mucha gente. Ahora menos. La gente iba a Althorp, que es donde su hermano tiene el memorial. Al principio, aquí comían y algunos se quedaban a dormir. También compraban recuerdos con la imagen de Diana. Ahora ya no se puede. El conde tiene una tienda en la finca y también restaurante, así que todo el que viene se queda allí. Es normal, la versión oficial es que el cuerpo de Diana está allí, pero por aquí todos sabemos que está en la iglesia Santa María la Virgen. Lo sabemos, porque el día 4 de septiembre el crematorio estaba en marcha y ni aquí ni en el pueblo de al lado había fallecido nadie. Vino mucha policía y no nos dejaban acercarnos alrededor de la iglesia. Después, por la noche, las luces de la capilla estaban encendidas y había varios coches en la puerta de la iglesia. Diana está en la cripta, con su padre*».

Por fin hablaron.

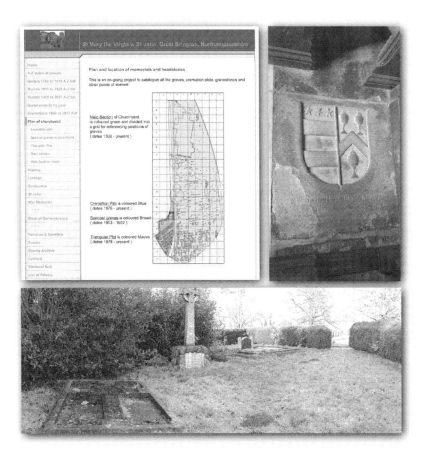

Arriba, plano del cementerio de la iglesia de Santa María la Virgen, y tumba del tras tatarabuelo de George Washington. Debajo, la última morada de varios de los Spencer, que no están sepultados en la cripta con el resto.

Decidí que era el momento de volver a visitar la iglesia y su camposanto.

Recorrí de nuevo el cementerio y en un recoveco del mismo, apartado del resto de lápidas y flanqueado por setos que hacían pensar que ahí terminaba el camposanto, encontré la última morada de varios de los Spencer, que por algún motivo que desconozco, no están sepultados en la cripta con el resto. Aparte de esto, no hallé nada significativo.

Entramos en la iglesia, nuevamente vacía, pero esta vez iluminada con la luz del día. Su interior es fastuoso, cuidado, solitario, enigmático. Efectivamente allí encontramos el sepulcro de Washington... Y mucho más. Al entrar en el templo vacío sentí una paz insólita, tal vez dada por el lugar en sí mismo, o tal vez porque mis sospechas apuntaban a que ese lugar escondía un secreto, o tal vez porque mi Nacho y yo estábamos solos en un lugar aparentemente cerrado a esas horas... ni reverendos, ni feligreses, ni turistas. Nadie.

Por sus pasillos y altares merodeamos sin saber muy bien qué estábamos buscando. Bueno sí, buscábamos la cripta, el sepulcro del padre de Diana, pero necesitábamos algo más; algo que demostrara lo que ya pensábamos, y a su vez, también confirmara lo que nos habían dicho. No sé, alguna pieza que no encajara, una señal de incongruencia, algún sepulcro que no estuviera en sintonía.

Lo dicho, no sabía muy bien el criterio de búsqueda, no era nada concreto. Hice fotografías, muchas. Mi intención era poder estudiarlas con tranquilidad desde el hotel, pero no hizo falta.

Mientras Nacho se detenía leyendo informaciones y documentos que encontraba, cerrada bajo los más estrictos sistemas de seguridad, localicé la cripta donde doy fe que se encuentran enterradas veinte generaciones de Spencer (se supone que todos exceptuando a Diana Spencer.) Me hubiese encantado entrar y poder regodearme en su interior, pero el acceso era imposible. Una reja de hierro, y un cartel que anunciaba que estaba protegida con un sistema de alarma me impidieron el acceso. También tengo que decir que el aviso lo vi después de haber intentado abrirme camino sin éxito, y por lo tanto de haber efectuado numerosas maniobras para poder fotografiar la cripta por dentro sin que saliera la verja y el acceso subterráneo al que solo se podía acceder desde el interior. Lo conseguí, y aquí dejo una prueba de ello.

Como puede observarse en la imagen, el orificio cuadrado que se ve en el suelo es el acceso a la zona más oculta de la cripta. Justo la zona a la que no podía llegar y justo el lugar de mis sospechas. Sí, justo ahí es donde la cadena de circunstancias que llevo anotadas en mi cuaderno me indican que puede estar enterrada Diana, también su padre.

No voy a andarme con rodeos. Expongo, pues, la relación de hechos por los que llego a la conclusión de que Diana está en esta cripta, a solo unos pasos de donde yo me encontraba (en el subterráneo del que he hablado), y no en el lugar señalado por su hermano, en el lago artificial de su finca familiar de Althorp.

Todo sucedió así: en primer lugar, la búsqueda minuciosa de mi Nacho dio sus frutos y encontró unos documentos con membrete de la iglesia, que fueron determinantes para confirmar mis sospechas. En ellos se puede leer claramente que el acceso bajo tierra que comentaba, y que se encuentra en el interior de la cripta Spencer, fue desellado el día 1 de septiembre —un día después del fallecimiento de la princesa—, aunque no especifican para qué se abrió después de estar cerrada desde los funerales del padre de Diana en 1992 — durante 5 años—, y vuelven a sellarlo el día 4 de septiembre, justo el día en que me aseguran que aun no habiendo fallecido ningún habitante de la localidad, el crematorio estaba en marcha. Y lo más curioso, es que en el mismo documento dan una explicación que me hace pensar en la acertada frase de latinismo jurídico que dice Excusatio non petita, acusatio manifesta, o lo que es lo mismo, que la excusa de quien no es acusado, significa la propia acusación, intentando desacertadamente aclarar que Diana está enterrada en Althorp.

Aún hay más. Este documento del que hablo, tiene un titular en su primera página que indica que es una pequeña instrucción que se le debe entregar a quien deba enseñar la iglesia y, a renglón seguido, advierte a quién lo tenga que hacer que es importante que si alguien pregunta por la sepultura de Diana, le respondan que ella está realmente enterrada en Althorp. Aquí mismo dejo el documento.

NOTES FOR STEWARDS revised July 2006

22. The Jacobean alms box near the Spencer Chapel also has three locks, with keys held by the rector and the two churchwardens. It is seldom used as it has been repeatedly broken in to.

23. The majority of the poppyheads in the nave are medieval and are carved one side only; they are decorated with vines and bunches of grapes; some have superimposed shields bearing coats of arms, as well as symbols of the eucharist etc. Fragments of their original medieval benchends, bearing stencilled red flowers, are grafted on to more modern bench-ends. They are believed to date from the period between 1445 and 1457, when Sir Edward Grey was lord of the manor and patron of the church: only 63 remain in the church, but several are in chapel at Althorp.

24. However, particularly on benches along the north wall of the nave, or adjacent to the north aisle, double sided poppyheads, with diamond-shaped faces on the collar, were carved by Richard Allen of Daventry and his two sons, Richard and Francis, in 1606, on the orders of Robert Spencer, 1st Baron Spencer of Wormleighton. One poppyhead bears a head wearing a carver's cap, was thought to be an effigy of Richard Allen himself, whilst another may be that of his son, Francis Allen. Others have carvings of vines, eagles, demons, griffins, dragons etc.

25. A small number of poppyheads in the nave were carved in 1848, on both sides, and bear copies of The True Vine, which is depicted on one of the four poppyheads dated c1400 in the chancel (para 14). Other poppyheads in the nave were carved on one side only, in 1903-4, with vines: some have superimposed shields bearing the coats of arms of families related to the Spencers, such as the Churchills, the Washingtons, the Seymours, the Willoughbys and the Brownes, as well as Christian symbols. Several have vines sprouting from a human heart. All these poppyheads are on modern bench-ends, with broad sloping collars,

THE SPENCER CHAPEL

26. This is a private chapel, belonging to the Spencers, who are responsible for its upkeep. It has always been separated from the nave & chancel by railings;access is restricted and controlled by an alarm system. Twenty generations of Spencers are commemorated here. There are six large tomb chests, dating from between 1522 and 1638, three of which have already been mentioned (paras 6,7,8).The last, built of marble, commemorates William 2nd Baron Spencer, who died in 1636, and his wife, Penelope Wriothesley, daughter of the Earl of Southampton, Shakespeare's patron. His son, Henry 3rd Baron Spencer, was created 1st Earl of Sunderland during the English Civil War, in 1643, but was killed soon afterwards at the Battle of Newbury: his body was buried on the battlefield but his heart was brought back to Brington in a lead casket which was placed in the burial vault at Brington. None of the Sunderlands have contemporary memorials., but Henry's heart burial was recorded later in the chapel.

27. In the past, the coffins of the Knights, Barons, Earls and their wives or widows, and some children were placed in the two chambers of the burial vault which lies beneath the Spencer Chapel. The only access to the vault is through the flag-stones in the floor of the chapel. They were unsealed on Monday 1st September 1997, but were resealed on Thursday 4th September, before Princess Diana's funeral. Many people still believe that she was, in fact, buried in the chapel, as she had said that she wanted to be buried with her father. It is important to say to them that she really is buried on the island at Althorp.

En el pasado, los ataúdes de los caballeros, barones, condes y sus esposas y viudas, y algunos de sus hijos, se colocaban en dos estancias del sepulcro que está junto a la capilla de los Spencer. El único acceso al sepulcro es a través de las losas decoradas con banderas en el suelo de la capilla; estas fueron deselladas el lunes 1 de septiembre de 1997, pero se volvieron a sellar el jueves 4 de septiembre, antes del funeral de la princesa Diana. Muchas personas aún creen que ella, de hecho, fue enterrada en la capilla, tal y como había dicho ella que quería ser enterrada con su padre. Es importante responderles que ella realmente está enterrada en la isla de Althorp.

En 1947, el VII Conde de Spencer, abuelo del actual conde, exhumó e incineró a todos sus antepasados, con permiso del ministerio. Sus cenizas fueron devueltas a los sepulcros y colocadas en urnas. Él mismo fue incinerado en 1975, como lo fue su hijo, el VIII Conde de Spencer en 1992.

Si a todo esto le sumamos el deseo de la princesa, escrito en su testamento, en el que expresa que a su muerte quería ser enterrada junto a su padre, no hay más que hablar, porque su padre, y también su abuelo (falleció en 1975), entre otros Spencer, se encuentran enterrados bajo la cripta de la iglesia, tal y como muestro en el siguiente documento custodiado en sus archivos.

TRADUCCIÓN DE LA PLACA EN *ST. MARY THE VIRGIN*

Edward John, el VIII conde Spencer —padre de Diana— falleció el 4 de abril de 1992 a los 68 años, su funeral fue celebrado en la iglesia Santa María y estuvieron presentes S.A.R. Diana, princesa de Gales, y Carlos, príncipe de Gales, así como muchos miembros de la familia Spencer y amigos. Pocos días más tarde, las cenizas del conde fueron depositadas en la cripta de la familia Spencer.

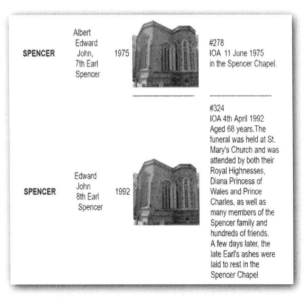

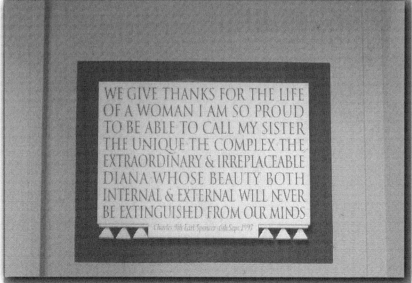

WE GIVE THANKS FOR THE LIFE
OF A WOMAN I AM SO PROUD
TO BE ABLE TO CALL MY SISTER
THE UNIQUE THE COMPLEX THE
EXTRAORDINARY & IRREPLACEABLE
DIANA WHOSE BEAUTY BOTH
INTERNAL & EXTERNAL WILL NEVER
BE EXTINGUISED FROM OUR MINDS

Charles 9th Earl Spencer 6th Sept 1997

DIANA

*El memorial de Diana en Althorp y un detalle de una de las placas con
extractos del elogio que leyó su hermano en el funeral.*

October 2016 Benefice Service Schedule

	2nd October 19th Sunday after Trinity	9th October 20th Sunday after Trinity	16th October 21st Sunday after Trinity	23rd October Bible Sunday	30th October All Saints' Day
Brampton			9.15 am Holy Communion		6pm In Loving Memory
Brington		8am 1662 Holy Communion		11 am Sung Eucharist	
East Haddon					
Harlestone		11am Worship for All	11 am Harvest Festival with Family Communion	9.15 am Worship for All	9.15 am Sung Holy Communion
Norton	10am Benefice Eucharist	3 pm Harvest Festival			
Whilton				6 pm Evening Communion	11am Worship for All

Weekday Services:
Every Wed, Thurs, Friday 5.30 pm Evening Prayer St Mary's Church/ The Rectory, **Great Brington**
Friday 14th October   7.00pm Harvest Celebration   St Andrew's Church   **Whilton**
Wednesday 19th October 10.30 am Holy Communion   St Andrew's Church,   **Harlestone**
Thursday 27th October 10.30 am Home Communion 17, Great Close, **Chapel Brampton** or tba

The Spencer Benefice

Brington with Whilton, Norton, Church Brampton with Chapel Brampton, Harlestone, East Haddon & Holdenby

Service Schedule
October to December 2016

Rector: Revd Sue Kipling 01604 770402

The Rectory
Main Street, Great Brington
NN7 4JB
suekipling@btinternet.com

Reader: Virginia Henley 01604 821335

Arriba, la autora en el interior de la iglesia de Santa María la Virgen en Great Brington. En la página anterior, horario de servicios, documento que especifica que Spencer es el máximo benefactor de la parroquia.

No menos importante es el hecho que desde 1997, los reverendos de Great Brington, que desde hace años habían sido nombrados por la jerarquía eclesiástica de la iglesia anglicana, serían a partir de esa fecha escogidos directamente por la familia real. Intento hacer el esfuerzo de buscar las diferentes opciones de este cambio y enredo la madeja en exceso. Finalmente, me decido por utilizar el principio de la Navaja de Ockham, según el cual, en igualdad de condiciones, la explicación más sencilla suele ser la más probable. Esta es mi conclusión: porque en la cripta de Santa María la Virgen yace la madre del futuro rey de Inglaterra.

No obstante, espero curiosa su opinión. Ya tiene mi correo electrónico.

Y aún me falta un último apunte. El hermano de Diana nunca ha dicho la localización exacta de donde dio sepultura a la princesa. El mausoleo que construyó en su memoria es solo eso, un panteón vacío y conmemorativo. Charles Spencer mantiene el lugar exacto de su enterramiento en secreto, bajo el pretexto de que la familia sabe muy bien dónde está —tal vez nosotros también—. Sin embargo, eso no le ha impedido construir un monumento con su nombre, y poner las manos para llenárselas con la explotación del parque temático mortuorio, dedicado a la memoria de su hermana.

Diana, como le decía antes, pidió ayuda a Charles en uno de sus momentos más vulnerables, justo cuando se estaba divorciando, y necesitaba volver temporalmente a Althorp. La respuesta de su hermano le llegó por carta, negando su petición porque no deseaba que nada ni nadie perturbara ni su tranquilidad ni la del entorno. Curioso.

Es posible que, si los problemas de Lady Di no le conmovieron como hermano, sí lo haya hecho después de muerta el «*di-nero*» de las 18,50 libras (21,67 €), que recibe de cada uno de los miles de visitantes que compra

Tienda con souvenirs de Diana en el Palacio de Kensington.

Arriba, souvenirs de Sissi a la venta en Austria: libros, porcelanas...réplicas de sus pendientes. Debajo, el sarcófago de la emperatriz en la cripta de la iglesia de los Capuchino, Viena.

servido, ya que para visitar el lugar hay que pagar, y ya puestos se puede visitar la tienda de recuerdos y hasta comer en su cafetería.

Y aún hay algo más, y con esto también intento dar explicación a la confidencialidad que versa sobre la figura de la princesa en todo el condado. El conde Spencer es quién sufraga los gastos de la iglesia y también el que aporta más peculio en el pueblo. Un hecho que, desgraciadamente, suele comprar muchos silencios en el mundo.

Tampoco quiero olvidar el tema del desaparecido *merchandising* de todos los establecimientos públicos de Great y Little Brington, que bien merece una explicación, y que resumo en una sola palabra: económico. La familia Spencer se ha protegido con todos los derechos de imagen de su hermana. Nadie puede vender legalmente ningún artículo del que no pague sus correspondientes derechos. Le pongo un ejemplo: me hice con unos cuantos objetos de souvenirs, y pagué por una taza 3,90 libras (4,5 €), de las que aún quedaban en alguna tienda céntrica de Londres, y 40 libras (46,9 €) por una con derechos, en el palacio de Kensington (la que fuera casa de Diana). Una conclusión lógica de por qué a los comercios no les resulta rentable vender los productos de Diana.

Aquí llego al punto que mencioné al principio de este capítulo en referencia con la emperatriz Isabel de Austria. La imagen de Sissi, lejos de ser olvidada, se encuentra en toda Viena con la misma fuerza que podría sentirse en los primeros días de su muerte. No hay tapujos en el palacio de Hofburg (su lugar de residencia) para decir que Sissi resultó un personaje incómodo muchas veces, pero que el pueblo la adoraba... Los objetos con su rostro o con las «*joyas*» en las que aparece pintada en algunos lienzos, se venden a bajo precio, y son muchos los turistas que adquieren los famosos pendientes de estrellas realizados en Swarovski por 19,90 €, o la solicitada taza por 9,90 €. La diferencia solo se me ocurre que obedezca a la ambición.

Sissi también murió trágicamente, y también murió lejos de sus tierras. Lo hizo en Ginebra (Suiza), a manos de un asesino que le clavó un estilete en el corazón, justo 101 años antes de que lo hiciera la princesa Diana. Cinco días después de su muerte, su cuerpo fue trasladado en ferrocarril —eran otros tiempos—, velado cerrado, hasta el palacio del Hofburg, en Viena (Austria). Dos días más tarde, a Isabel de Austria la sepultaban con toda solemnidad en la cripta imperial de la iglesia de los Capuchinos, donde aún hoy descansan sus restos, junto a los de su marido y su hijo.

He ido hasta allí para comprobar si el hecho de que se conozca exactamente dónde está su cuerpo supone un atentado a la tranquilidad de los vieneses. En absoluto. Puede comprobarlo en la foto, en la que se puede observar que no hay nadie alrededor. Había flores, eso sí. Imagino que de personas que aún le rinden su especial homenaje.

Estoy segura de que a las personas que quisieron de verdad a Diana, y fueron muchas, les hubiera gustado tener una localización exacta de su sepultura, y un lugar accesible donde llorarla.

Y digo más. Si todo lo que he dicho se confirma y a Diana la incineraron el día 4 de septiembre en el crematorio de Great Brington, y la cripta familiar de la

```
EXECUTOR  Sarah  McCorquo Solicitor  Benedict Morshead
EXECUTOR  Richard  London Solicitor           J. G. M. Walsh
                                                           Solicitor
```

I DIANA PRINCESS OF WALES of Kensington Palace London W8 HEREBY REVOKE all former Wills and testamentary dispositions made by me AND DECLARE this to be my last Will which I make this _____ day of June One thousand nine hundred and ninety three

1   I APPOINT my mother THE HONOURABLE MRS FRANCES RUTH SHAND KYDD of Callinesh Isle of Seil Oban Scotland and COMMANDER PATRICK DESMOND CHRISTIAN JERMY JEPHSON of St James's Palace London SW1 to be the Executors and Trustees of this my Will

2   I WISH to be buried

3   SHOULD any child of mine be under age at the date of the death of the survivor of myself and my husband I APPOINT my mother and my brother EARL SPENCER to be the guardians of that child and I express the wish that should I predecease my husband he will consult with my mother with regard to the upbringing education and welfare of our children

Imagen de las últimas voluntades de Diana en donde manifiesta su deseo de ser enterrada.

iglesia Santa María la Virgen se abre el 1 de septiembre y se cierra nuevamente el día 4 con ella dentro, ¿quién había en el ataúd que lloraron sus íntimos y los 2.000 millones de personas a nivel global que siguieron el funeral por televisión? La respuesta sería: nadie. Puro escaparate. Y un insulto para los que la amaban.

Siguiendo esta premisa, el cuerpo sin vida de la princesa, ataviado con un vestido largo y negro, firmado por la diseñadora Catherine Walker, ya hacía dos días que se había incinerado — siempre utilizando la lógica, en contra de sus últimas voluntades, en las que expresaba su deseo de ser enterrada—, y sepultado en el subterráneo de la cripta de los Spencer. Una cripta

73

cerrada a la que nadie, a excepción de los Spencer, tiene acceso.

Y, llegados a este punto, uno se pregunta el porqué de tanta falacia. Se me ocurren tres posibles respuestas. Una: tener un lugar señalado y conmemorativo para que la gente pueda acudir con cierto orden a recordar a su princesa, y que los habitantes del pueblo puedan seguir viviendo con su habitual tranquilidad, y sin que los cientos de autocares que visitan Althorp entorpezcan su cotidianidad. Dos: puro negocio. Tres: algo que ocultar.

En cuanto al mutis que se presenta en Great Brington, que parece ser una epidemia entre algunos habitantes del pequeño municipio, también se me ocurre un argumento: que la familia Spencer es la que financia la iglesia de Great Brington, entre otros menesteres del pueblo (incluso algunos de sus habitantes trabajan para ella). Es más que probable que ese agradecimiento tenga que ser

La autora en el hotel rural de Great Brington.

74

correspondido, aunque sea con la guarda y custodia de un secreto. Y vuelve a hervirme la sangre.

Termino con esto, y me dirijo a Londres en busca de más información. Y lo hago escandalizada de la fría teatralidad que se ha movido bajo esa atracción económica montada sobre el catafalco de la princesa.

RADIOGRAFÍA

Perfiles

Por supuesto, no es mi intención aquí juzgar ni dar fallo de lo que ocurrió entre Diana y el príncipe Carlos sino más bien identificar, con toda la objetividad que me sea posible, cómo era la personalidad de cada uno de ellos en el momento en que se conocieron.

Quiero transmitir, de alguna manera, que igual Diana que Carlos fueron como los hicieron y, aunque cada uno de ellos era responsable de su propia conducta —como lo somos todos—, si me gustaría que se entendiera que hubo factores externos que los empujaron y arrastraron a la zona más oscura de sus faltas. Tal vez vean en este comentario cierta irresponsabilidad por mi parte, más cuando los juicios paralelos ya han hecho buena a una y malo a otro, pero yo no lo veo así. O son los años, que me han abierto a la indulgencia. Dejo claro, pues, que no soy juez, no nací para ello. No voy a emitir sentencia, ni la razón de cada quién. Tampoco soy parte. Únicamente le dejo el juicio, y el veredicto espero que, con más o menos comprensión, lo dicte usted.

PERFIL DE UNA PRINCESA, DIANA FRANCES SPENCER

Desconozco si Diana se detuvo alguna vez a pensar en el camino que no había tomado, o en la parada que no había hecho, pero si esto ocurrió en algún momento, estoy segura que debió remontarse hasta su infancia, justo en el instante en que sus padres, la honorable Frances Ruth Burke Roche y John Spencer, VIII conde Spencer, protagonizaron unos de los divorcios más sonados de la época, o tal vez, al día en que su madre la abandonó a ella y a sus tres hermanos para irse a vivir con el millonario Peter Shand Kydd a la lejana isla

 escocesa de Seil, o bien, al día en que se enteró por la prensa de que su padre se había vuelto a casar con la hija de Barbara Cartland, la escritora que con sus libros la iniciaría en ese romanticismo del que nunca se desprendió; un romanticismo que con el paso de los años dejó de ser natural y se convirtió en una necesidad desesperada de recibir amor. Si este no le llegaba, Diana lo pedía, y si no daba resultado, lo exigía. Si se trataba de un hombre, lo llamaba con insistencia, y si era el de sus hijos, no dudaba en preguntarles todas las noches a quién querían más.

Como ya he dicho, en este peregrinar hasta poder descifrar lo más aproximadamente posible quién era Diana más allá del espectáculo del que fue protagonista, he buscado las complicidades de algunas fuentes relativamente cercanas a la princesa, como fue Mohamed Al-Fayed, y algunas personas no famosas que la conocieron un poquito más que la media. Esto lo hice en Great Brington, Little Brington y en Londres. A través de sus respuestas me he encontrado con una Diana que era mala estudiante, buena nadadora —fue premiada durante cuatro años consecutivos—, apasionada del ballet, amante de la comida italiana, sufría de claustrofobia, se independizó a los dieciocho años, se  mordía la uñas, le gustaba el Earl Grey tea y el café negro sin azúcar, leía novela romántica, le gustaba el champán y el vino blanco, tenía por mascota un conejo que guardaba en su habitación, y aún dormía con su osito Bertie cuando se convirtió en princesa de Gales. Expongo estas pinceladas, tal vez menos relevantes, porque entiendo que todo ayuda a que nos hagamos una imagen propia de la mujer, ya hablaremos de la mujer-princesa.

No, no es fácil ponerse en la piel de Diana; tampoco lo es ponerse en la de Carlos, educado en el rancio protocolo de los Windsor, y lo es menos si no hago el esfuerzo de recopilar antes los datos conocidos de cada uno de ellos, y los examino después con cierta indulgencia.

Si digo que Diana aún dormía con su osito de peluche cuando contrajo matrimonio con el príncipe de Gales tal vez piense que es una exageración, pero nada más lejos de la realidad. Bertie representaba para Diana la confianza y la seguridad que no tuvo en la niñez, y en su edad adulta ese objeto de transición se convirtió en un indispensable que suplía la carencia de afecto que Di arrastró desde la más tierna infancia. Tal y como yo lo veo, Bertie era un sustituto.

Sus gritos sordos pidiendo que la quisieran y el síndrome de abstinencia cuando esto le faltaba, provocaron en Diana serios problemas psíquicos que más tarde desembocarían en desórdenes alimenticios evidenciados a través de la bulimia, que padeció casi toda su vida. Ella misma lo dijo: «*Sí, tuve bulimia durante muchos años. Eso es como una enfermedad secreta. Generalmente se sufre porque tu autoestima está en un punto muy bajo y no piensas que eres digna, y te crees sin valor. Así, llenas tu estómago por encima de lo normal, de cuatro a cinco veces al día. Eso te da una sensación de confort. Es como tener un par de brazos a tu alrededor, solo que estos están presentes temporalmente. Entonces te disgusta sentirte tan llena y lo vomitas todo. Es un patrón repetitivo que es muy destructivo. Al llegar a casa todo resultaba muy difícil, no era cómodo para mí. Así que cuando me sentía mal, asaltaba el refrigerador. Era un síntoma de lo que estaba pasando en mi matrimonio. Gritaba para pedir ayuda, pero solo recibía las señales del mal. La gente*

utilizaba mi bulimia como argumento para hablar mal de mí. Decían que ese era el problema. Diana era inestable… La causa era la situación en la que mi marido y yo debíamos guardar los problemas íntimos que nos estaban sucediendo porque no deseábamos decepcionar al público, pero, obviamente, había mucha ansiedad que se iba creando dentro de nuestras cuatro paredes… Bien, cuando comía me decían: "Supongo que vas a malgastar ese alimento más adelante», y esa era ya una presión en sí misma. Y, por supuesto, lo hacía porque era mi válvula de escape. Esto duró más de tres años».

Con estas palabras, expresadas en televisión, Diana narraba su trastorno alimenticio y culpaba de ello directamente a su marido y a su familia, como iremos viendo a lo largo de este capítulo.

Analizando sus propias palabras —lo que ella sentía, lo que provocaba en su cuerpo y las acusaciones que vertía hacia los demás—, me cuesta diferenciar si Diana era una víctima de su familia o más bien padecía lo que en psicología se denomina victimización, que no es otra cosa que una condición de la salud mental. Me explico. Si me abro con objetividad a esta definición, no me parece tan descabellado llegar a la conclusión de que Diana se observaba a sí misma como centro de todos los ataques que pudieran existir en una relación humana —primero sus padres, después su marido y la familia de este, la presión con el público, la presión con los medios y con el tiempo, también sus amantes—.

Si tengo en cuenta que la victimización en Diana era una forma de llamar la atención sobre ella misma, aunque de manera negativa, o lo que es lo mismo, una visión negativa sobre la realidad que estaba sufriendo, no me cuesta llegar a la conclusión de que es posible utilizar este término para referirme a Diana y a su comportamiento. Es posible que Diana estuviera demasiado centrada en su propio sufrimiento, independientemente de cuál era su realidad, o bien, por una falta de realidad sobre su situación.

La elevada susceptibilidad que mostraba Diana ante las personas de su entorno era un caldo de cultivo para convertirse en un problema, para ella misma, y para todo el que la frecuentaba, en cuanto a que podía traslucirse en una visión alterada de la realidad.

Por tanto, en este breve análisis, tanto de sus palabras, como de los hechos que se conocen de su persona, veo posible que Diana sufriera una victimización permanente, lo que provocaba que sufriera por acciones que para el resto de la gente son consideradas como normales.

Intuyo que la búsqueda de amor se convirtió para Diana en el pilar más importante de su vida. En una válvula de escape. Su adicción al amor (los expertos lo llamarían dependencia emocional o apego afectivo), una adicción que no precisa de sustancias, es indudable. Y no hablo únicamente del amor de pareja, sino que lo extiendo a cualquier tipo de relación posible: hijos, amigos, incluso el público que la adoraba... Los síntomas en Diana eran claramente identificables: una necesidad excesiva de afecto y de ser querida que la llevó a la depresión y a cinco intentos de suicidio: uno de ellos, tirándose por las escaleras cuando aún estaba embarazada del príncipe Guillermo, su primer hijo; otro, cortándose las venas con una navaja. Diana también intentó quitarse la vida hiriéndose en el pecho con un cuchillo (en dos ocasiones) y cortándose las muñecas con un corta frutas. «*La depresión dio a toda una nueva etiqueta sobre mí. La maravillosa Diana es una persona inestable. Diana es una mujer desequilibrada mentalmente. Y, desafortunadamente, eso me puso una etiqueta que llevo arrastrando durante años... Cuando nadie te escucha, o sientes que nadie te escucha, puede suceder cualquier cosa. Por ejemplo, si experimentas tanto dolor dentro de ti, llegas a lastimarte por fuera porque deseas ayuda, pero una ayuda incorrecta y distinta a la que estás pidiendo. La gente que me rodeaba lo veía como si fuera un grito de lobo que busca acaparar la atención, y pensaban que estando como yo*

todo el tiempo en boca de los medios, ya tenía la atención suficiente, entre comillas. Pero yo gritaba. *Realmente comencé a exteriorizarlo porque deseaba ponerme bien y continuar con mi deber y mi papel como esposa, madre y princesa de Gales. Sufrí mucho conmigo. No me gustaba a mí misma y me sentía avergonzada de no poder hacer frente a las presiones... Bien, acabé dañando mis brazos y mis piernas».*

Diana amenazó a su marido, muchas veces, con quitarse la vida. Tanto, que Carlos dejó de creerla. Me atrevo a deducir que, en la mente de la princesa, el esposo que no cumplía ni por asomo sus expectativas, debía ser castigado. Corrían los primeros días de Año Nuevo de 1983 cuando Diana, gestante de su primer hijo, llevó a cabo su primer intento de suicidio. Carlos se disponía a cabalgar por los terrenos de Sandringham para huir de la acalorada discusión que acababa de protagonizar con su mujer. Diana le gritaba desde lo alto de la escalera de madera que daba acceso al zaguán de entrada, mientras Carlos ignoraba sus gritos. Antes de que él abriera la puerta, ella se arrojó peldaños abajo, aterrizando al pie de la escalera. La reina madre, que entraba en ese momento alertada por los gritos fue, junto con Carlos, la primera en presenciar la escena. Lo cierto es que la suerte acompañó a Diana, que no resultó gravemente herida, y al feto, que no sufrió las consecuencias del golpe.

Otros intentos, siempre delante del príncipe, sucedieron así: Diana se arrojó contra una de las vitrinas de cristal que adornaban el palacio de Kensington; se cortó las venas con una cuchilla de afeitar; se hirió con el borde acuchillado de un electrodoméstico de cortar limones; y se produjo numerosos cortes en el pecho y los muslos con una pequeña navaja. Todos los intentos de suicidio buscaban un fin concreto que no era la muerte, sino que su marido se sintiera culpable de la voraz infelicidad que ella sentía. Un chantaje emocional que los fue alejando tras cada tempestad.

Estoy convencida de que Diana no era consciente de su desequilibrio, por lo menos al principio, motivo por el que no puso en marcha a tiempo los medios necesarios para atajarlo. La carencia de afecto que sufrió por parte sus padres, mucho más preocupados de la vida social que de su hija, y de engendrar un heredero para su condado —fue una frustración para ellos que a su cuarto hijo, Charles, le precedieran tres niñas y un niño que murió a las diez horas de su nacimiento—, se cebó en la autoestima de la niña y en su salud física y mental — también en la de su hermana Sarah, que sufrió los mismos desordenes nutricionales, aunque ese detalle haya pasado desapercibido para la gran mayoría—.

Para llegar a estas conclusiones me basta con saber que cuando los condes esperaban el nacimiento de su cuarto bebé (Diana), estaban tan seguros de que sería un varón que ni siquiera habían buscado ningún nombre de niña. La decepción que se llevaron el día del parto fue tan grande que decidieron no avisar a ningún miembro de la realeza, tal y como sí habían hecho en los anteriores alumbramientos.

Inmediatamente, trasladaron a Diana lejos de ellos, en el ala de la finca reservada a los niños y al cuidado de una institutriz. En ese gigantesco recinto, Diana pudo instalar a Bertie y también su soledad.

No tardó en llegar al mundo su hermano Charles, esta vez recibido con todos los honores, anuncio real incluido, y amadrinado por la reina Isabel II.

Diana fue «*saltando*», primero, de institutriz en institutriz, y después, de internado en internado — Escuela Silfield Kings Lynn de Norfolk, la Escuela Preparatoria de Riddlesworth Hall, también en Norfolk, el West Heath, en Kent, y el Instituto Alpin Videmanette, en Suiza—, con malas notas y castigos frecuentes como cortar la maleza del jardín, entre los que he podido averiguar. Deduzco que se trataban de los primeros síntomas de llamar la atención de aquellos que se supone debían cuidarla y protegerla. A punto de cumplir los dieciocho años, Di abandonó los estudios y se independizó, trasladando su residencia a un piso en el n.º 60 de Coleherne Court, en el Old Brompton Road de Londres, y comenzó a trabajar como auxiliar de preescolar en la escuela *Young England*, de Pimlico. Intuyo que para Diana fue todo un respiro aislarse de una familia que tanto dolor le había causado. Sin embargo, esa tranquilidad se vería truncada en pocos meses por la reaparición en su vida de un príncipe que necesitaba junto a él a una mujer virgen, casta y pura.

Con este desajuste emocional a sus espaldas, y sin la madurez suficiente para haber hecho el duelo pertinente, Di se enamoró de Carlos y también, por qué no decirlo, de la idea de ser una princesa. Su entusiasmo flotaba por las calles de Londres.

En un principio, Carlos, debió transmitir a Diana la tranquilidad y protección que ella necesitaba. Por su parte, Di no tardó en apreciar las cualidades y el refinamiento bien aprendidos en palacio de un hombre al que, en un principio, llamaba «*señor*», aun en los momentos más íntimos, aunque estos consistían básicamente en dar largos paseos (recordad que Diana debía llegar virgen al matrimonio).

Así, antagónicos por naturaleza —y por su propia herencia personal—, la pareja inició una relación secreta para el mundo, brotada por distintos intereses. Los de ella, completamente emocionales, y los de él, convenientes para cumplir con los requisitos que su corte le exigía. Así es. Diana encajaba a la perfección en el modelo establecido de cómo elegir a una princesa.

Por supuesto, la conquista también evidenciaba los sentimientos de cada uno de ellos. Si Diana esperaba ansiosa a que sonara el teléfono —llamadas que tardaban en producirse, incluso semanas—, él se programó algunas citas con ella —las oportunas para enamorarla—, y el resto del tiempo disfrutaba de Camila Parker Bowles, su amor prohibido (aunque de esto hablaré más adelante).

A Diana este amor le llegó antes de que tuviera capacidad para razonar y, sin duda, determinó todos los que vendrían después. Diana no solucionó sus conflictos con el pasado y Carlos abrió la veda marcando la pauta de lo que serían las posteriores relaciones de la princesa, siempre con la huella asociada del abandono.

En una de sus apariciones públicas, cuando su matrimonio empezaba a hacer aguas, inauguró su discurso hablando de «*la filosofía de la ternura, y del cuidado amoroso*», y esa no fue la única ocasión en que se refirió públicamente al amor romántico. Una muestra de ello son las innumerables versiones que quedaron grabadas en su famosa entrevista para el programa Panorama de la BBC. La conclusión no era otra que su necesidad excesiva de ser querida, que la llevó a comenzar nuevas relaciones en busca de su objetivo. Relaciones en las que idealizaba y magnificaba al otro, creando en ella más inestabilidad y marcando aún más su fuerte dependencia.

Recuerdo que cuando hace algún tiempo hablé con James Hewitt, quien fue su guardaespaldas y el amante que confesó Diana en la mencionada entrevista a la BBC, me contó la necesidad que tenía la princesa de mantener un acceso continuo con él, estar al tanto de dónde estaba, el deseo de saber qué estaba haciendo en ese preciso momento, urgencia por verle... Una necesidad tan voraz que la llevaba a llamarle por teléfono numerosas veces al día o enviarle mensajes o correos de forma casi compulsiva. No crea que Hewitt me contó todo esto por fantasear, no fue esa mi impresión, ni mucho menos. De hecho, le hice innumerables preguntas, muchas de ellas tan delicadas e incómodas como podía ser la de los rumores de paternidad que se cebaban en la figura del príncipe Enrique, el segundo hijo de Diana, que lenguas afiladas lo apuntaban a él como padre biológico. En este caso, se manifestó con la ambigüedad de un político y respondió a todas mis cuestiones con gran afecto hacia Diana y muchísima caballerosidad. Años después me he enterado de que Hewitt «*se había ido de la lengua*», y que había contado ciertas cosas —verdades o mentiras—, que no dejaban en buen lugar ni a la princesa ni a él, pero ese es otro cantar que no va conmigo. El James Hewitt que yo conocí era todo un gentleman: rubio, alto, de mejillas sonrosadas y exquisitos modales en el trato.

Llegó al bar del hotel madrileño donde nos habíamos citado con perfecta puntualidad británica, trajeado y cubierto por un abrigo negro y un magnífico sombrero del mismo color que se quitó al mismo tiempo que cogió mi mano para besarla, haciendo gala del más estricto protocolo británico. Su exquisitez no era únicamente en lo que a las relaciones públicas se refiere. Para volar desde Londres a Madrid me puso una serie de condiciones que no me hicieron tanta gracia: volar en primera, un automóvil a su disposición con chófer uniformado y una suite en el hotel, para él y otra para su secretario que le acompañaría en el viaje, por supuesto, con todos los gastos pagados.

El caso es que por esas fechas yo trabajaba como editora en *Arcopress* y, junto a mi socio Manuel Pimentel, compramos los derechos de un libro que Hewitt había publicado en el Reino Unido, que ya había sido traducido a varios idiomas. En su publicación, decidimos traerle a España para promocionar su obra.

James Hewitt en Madrid, en la presentación de su libro, J. Hewitt y Diana de Gales: nuestro amor prohibido, editado por Arcopress.

Los requerimientos que Hewitt me hizo para promocionar su libro resultaban para la editorial demasiado costosos, así que redujimos el tiempo de estancia a solo un día. Para ello alquilamos un salón en el mismo hotel donde Hewitt se hospedaría, donde concentraríamos a la prensa cronometrando con rigurosidad todos los tempos. Tengo que decir que de alguna manera me vengué de James Hewitt y su exquisitez. Lo hice con total convencimiento. Pensé que, si él me lo ponía difícil, yo respondería concediéndome algunas licencias, en este caso, nada que ver con lo material. Resumo la contienda: como tenía que aprovechar el tiempo de su presencia al máximo, le saqué un billete de avión a las cinco de la mañana, con vuelta veinticuatro horas después, también a las cinco de la mañana. Por supuesto, a la salida del aeropuerto de Barajas le estaría esperando el fastuoso coche con chófer uniformado y enguantado en blanco que él había solicitado, y lo trasladaría —también a su secretario— hasta el hotel. Una vez allí —eso sería aproximadamente las 6:30 de la mañana—, mi compañera Sofía Campos —hablaba un inglés fantástico— y yo, le estaríamos esperando con ilusión y una estupenda sonrisa (la de ella le gustó más). Todo ello consensuado y aprobado por él y su equipo.

Más o menos, Hewitt llegó al hotel con el tiempo justo de dejar sus cosas en la suite que solicitó y tomarse un café rapidito para empezar unas entrevistas que se sucedieron en el orden establecido desde las 10 h de la mañana hasta las 15 h, y desde las 16 h hasta las 21 h. Se montaron auténticos platós dentro de la sala… Marta

Robles, Beatriz Cortázar, Ana Rosa Quintana fueron algunas de las periodistas que le entrevistaron.

Después, también atendiendo a sus peticiones, le acompañamos a cenar a un restaurante cubano del centro de Madrid que cierra bastante tarde, donde también se tomó una copa. Terminamos a la una de la madrugada, hora en la que su chófer uniformado le acompañó al hotel. El resto me lo contó él: «Solo me dio tiempo de tomar una ducha, un café y salir para el aeropuerto». Una pequeña tortura. Dicen que en el pecado va la penitencia.

Obviando esto último, me remito a la opinión de que en ese momento Hewitt aún respetaba a la mujer que le cambió la vida el día que, por televisión, mientras él estaba cenando con su familia, informó al mundo entero que había sido infiel a su marido y que su amante era James Hewitt. Así me lo contó él.

«Estaba a punto de cenar en casa, junto a mi madre y algunos familiares. Todos estábamos atentos a la televisión, ya que sabíamos que Diana aparecería dando una entrevista en la BBC. Yo estaba nervioso, pero simplemente por ella. Ya hacía muchos años que estábamos juntos y sufría por su estado de ánimo. En ese momento, no tenía ni idea de que confesaría nuestra relación, por lo que mi ansiedad no provenía de esa preocupación. De pronto, mientras escuchábamos atentos su testimonio y cómo hablaba de la infidelidad de su marido, mencionó la suya y dijo mi nombre. En mi casa nadie pronunció una sola palabra. Yo me levanté y me dirigí a mi habitación, echándome sobre la cama con los ojos cerrados y pensando en las repercusiones que ello tendría en mi vida. De pronto, aun

permaneciendo con los ojos cerrados, percibí destellos en el dormitorio que venían directamente desde el jardín. Entonces me incorporé y miré por la ventana. La escena fue dantesca. Centenares de periodistas se habían agolpado en mi césped, incluso un helicóptero. Cerré las ventanas y dije a mi familia que nadie abriera la puerta. Al día siguiente, me fui de Londres».

Diana no fue capaz de hacer el duelo por un matrimonio que ya había muerto, como tampoco lo hizo cuando se alejó de su familia y en pocos meses inició su relación con el príncipe. Tal vez, de haberlo hecho, no se hubiera aferrado al dolor y a las consecuencias que con este se manifestaban, y posiblemente no hubiera atraído junto a ella a otras personas que volverían a hacerle daño. Diana se vinculó una y otra vez con sentimientos sin resolver. Hewitt fue solo un ejemplo de ello: Barry Mannakee, James Gilbey, Oliver Hoare, Will Carling, Theodore Forstmann, Hasnat Khan y Dodi Al-Fayed son otros nombres, que le precedieron o siguieron.

LOS AMANTES DE DIANA

Barry Mannakee: Fue su primer amante. Mannakee fue su guardaespaldas desde 1985, justo en el momento más conflictivo de su matrimonio. El romance llegó a oídos de palacio, y fue alejado de la vida de Diana. En 1987, Mannakee falleció en un accidente de coche.

James Hewitt: El amante reconocido por la princesa Diana en la famosa entrevista a la BBC, era el capitán de un regimiento de la caballería de la casa real. A petición de la princesa, también fue su profesor particular de equitación. En ese momento, iniciarían una relación amorosa que tendría lugar en Kensington Palace, en Highgrove (la casa de campo de Carlos, que decoró Diana), y en la casa de la madre de Hewitt, en Devon. El romance finalizó en 1991.

James Gilbey: Empresario de la automoción. La princesa inició su romance con él en 1989. Su relación se vio envuelta en un escándalo bautizado como el Squidgygay, que dio a conocer, a través de unas grabaciones telefónicas secretas, sus conversaciones privadas, poniendo de manifiesto que los espías de palacio estaban al acecho.

Oliver Hoare: Empresario de arte islámico, casado y con dos hijos, fue el amante de la princesa en los preludios de su separación con el príncipe de Gales. Hoare hizo de intermediario entre los príncipes cuando aún había esperanzas de reconciliación entre ellos. Sin embargo, Diana se enamoró de él e incluso llegó a hablarle de matrimonio. No obstante, Hoare le aclaró que nunca dejaría a su mujer, provocando en Diana una recaída emocional que la llevó a obsesionarse con él, al punto de llamarle compulsiva y obsesivamente. En este caso, fue la esposa de Hoare quien puso de manifiesto el acoso en el despacho de Scotland Yard para finiquitar esa incómoda situación.

Will Carling: Famoso jugador de rugby, casado, a quién Diana conoció en 1994, en el *Chelsea Harbour Club*. Utilizando la 79 misma técnica que manipuló con Hewitt, también le pidió entrenamiento. De nuevo, otro escándalo cuando su esposa le pidió el divorcio.

Hasnat Khan: Uno de los hombres más importantes en la vida de Diana. En 1995, la princesa conoció a este cirujano, musulmán y paquistaní, en el Royal Brompton Hospital, cuando visitaba al marido de su acupunturista. Con Hasnat, Diana vivió su primera fantasía de vida en común. Pensó que ese médico tan sobresaliente iba a salvarla de todo su sufrimiento, y a llevarla a algún sitio lejano donde pudieran vivir su historia de amor. Diana se tomó muy en serio la relación con Khan, estudió el Corán, se interesó por el islam —incluso tomó lecciones—, visitó a sus amigos, a su familia... Diana se enamoró perdidamente de Hasnat y él de ella. Fue un amor sincero. Sin embargo, el médico no soportaba la atención mediática y cortó la relación a principios de 1997.

Dodi Al-Fayed: Hijo de Mohamed Al-Fayed, productor y empresario. Con Dodi, la princesa inició una relación en el verano de 1997, aunque ya se conocían de antes. La chispa debió sorprender a la pareja, que aceleró sus planes de vida en común. Sin embargo, el 31 de agosto de ese mismo año, ambos perderían la vida en el túnel de l'Alma de París.

Carlos fue para Diana su primera vez en todo: su primer amor, su primer beso, su primera vivencia sexual... El deterioro de esa relación fue para Di una experiencia frustrada y dolorosa, en la que una vez más era abandonada. Esa realidad provocó que su modo de amar quedase afectado y, a mi parecer, construyera imágenes idealizadas que nada tenían que ver con la realidad, sino con cómo a ella le hubiera gustado que fueran. Estoy convencida de que Diana se quedó enganchada al desafecto de sus padres, y esa actitud la convirtió, de alguna manera, en conflictiva; desbordada por el miedo, y con una necesidad extrema de venganza. Unos sentimientos tramposos, porque no conocía más paraíso que el que concebía su memoria.

RADIOGRAFÍA DE DIANA FRANCES SPENCER

- Nombre: Diana Frances Spencer.
- Nacimiento: De signo Cáncer, nació a las 18:45 h, el día 1 de julio de 1961, en Park House, Sandringham (Norfolk).
- Fue la cuarta de cinco hermanos (uno falleció a las pocas horas de su nacimiento). Sus padres esperaban ansiosos que fuera un niño, heredero de su ducado.
- Diana Spencer desciende de dos Estuardo, el rey Carlos II (1630-1685), y Jaime II (1633-1701). El padre de Diana fue ahijado de la reina María, esposa del rey Jorge V, y del duque de Windsor. Charles, el hermano de Diana, es ahijado de la reina Isabel II.

- Bautizada en la iglesia Santa María Magdalena, por el reverendo Percy Herbert (rector de la iglesia).
- En 1969, Diana vive el divorcio de sus padres y sufre una crisis que marcará su vida.
- Diana estudió en la Escuela Silfield Kings Lynn de Norfolk, y más tarde en la Escuela preparatoria de Riddlesworth Hall, en Diss, Norfolk (1966-1974), en el West Heath, en Sevenoaks, en Kent (1974-1977), y finaliza su bachillerato en el Instituto Alpin Videmanette de Rougemont, Suiza (1977-1978).
- Su sueño frustrado fue ser bailarina de ballet.
- En la pared de su habitación del internado, Diana tenía un póster con la foto del príncipe Carlos.
- Abandonó el colegio a los 16 años.
- En el año 1979, Lady Diana se muda a un piso en el n°. 60 Coleherne Court, Old Brompton Road (Londres), y. trabaja como profesora de preescolar en la escuela *Young England*, de Pimlico.
- El 29 de julio de 1981 (20 años) Diana contrajo matrimonio con el príncipe Carlos de Inglaterra, trece años mayor que ella, convirtiéndose en su alteza real, la princesa de Gales, y siendo la primera mujer inglesa en casarse con un heredero al trono en más de 300 años.
- La ceremonia se ofició en la catedral de San Pablo de Londres y fue transmitida por TV en

todo el mundo, alcanzando los 750 millones de telespectadores.

- De su matrimonio nacieron dos hijos: el príncipe Guillermo (21 de junio de 1982), y el príncipe Enrique (15 de septiembre de 1984), dados a luz en el hospital St. Mary de Paddington, en Londres.
- Su restaurante favorito: San Lorenzo, en Londres (cocina italiana).
- Altura: 1,78 cm.
- Talla: 38.
- Flor favorita: Lirios blancos.
- Su estación preferida: Verano.
- Perfume: Arpège, de Jeanne Lanvin (jazmín, rosa, lirio de los valles, nardo, clavo, sándalo, bergamota, iris, cilantro).
- Tras su divorcio, Diana se involucró en diversas obras de caridad, (sida, pobreza, drogas...), y prestó su imagen y su voz en la lucha contra las minas terrestres.
- En 1995, Diana concede una entrevista de TV al programa Panorama, donde confesó su adulterio con James Hewitt. Más tarde se arrepintió de hacerlo.
- Sus platos preferidos eran las ensaladas, las pastas y la pasta. De bebida, el vino blanco seco y frío.
- Le gustaba esquiar, nadar, ir de compras y los masajes y tratamientos de belleza.
- No le gustaban las carnes rojas, el salmón ni actividades como cazar y cabalgar.

- En agosto de 1996 se anuncia oficialmente su divorcio con el príncipe de Gales.
- El 31 de agosto de 1997 fallece trágicamente en París.

PERFIL DE PRÍNCIPE, CHARLES PHILIP ARTHUR GEORGE

Sin duda alguna, en lo que a imagen se refiere, el príncipe Carlos es el que sale peor parado en esta historia. Y no digo que las críticas hacia él no estén bien merecidas. Después de todo, su obligación —o ambición—, de calzarse la Corona británica algún día, le hizo aceptar una serie de condiciones a las que de otra manera podía haberse negado. O tal vez, no pudo negarse. O tal vez, existieron algunos factores que desconozco antes de repasar su perfil. O, tal vez, existen muchos tal vez. Sea como sea, voy a intentar descubrirlo.

El príncipe de Gales, Carlos Felipe Jorge, con un montón de nombres más y títulos a sus espaldas —apellidos no, ya que los Windsor no los utilizan—, nació en un palacio —Buckingham—, de 775 habitaciones, 19 salones, 78 baños, y bla bla bla (con la intención de no aburrirles con detalles descriptivos que en este momento no veo relevantes).

Para cualquier familia habría nacido su primer retoño, pero para la familia real británica había nacido el heredero a calzarse algún día uno de los cetros más rígidos de todas las monarquías existentes. Tuve que

Foto de la familia real en agosto de 1951. La reina Isabel II de Gran Bretaña, con su marido, el príncipe Felipe, duque de Edimburgo, y sus hijos, el príncipe Carlos y la princesa Ana en Clarence House, la residencia real en Londres.

preguntar varias veces —dudaba si formaba parte de alguna leyenda urbana—, sobre que nunca «*le enseñaran*» a decir mamá y que se dirigiera a su madre como «*majestad*», aún en su más tierna infancia. Y me hice cruces cuando me dijeron que, para hablar con su madre, aunque se tratase de un tema personal, incluso vital para un niño, debía solicitar cita previa a algún miembro de la corte. Ridículo.

Y yo me pregunto, e intuyo que está de acuerdo conmigo, ¿cómo iba a desarrollar unas emociones normales un niño que no podía achuchar a su madre cuando lo necesitaba? Y en este punto, me detengo «ojiplática» (este término no está reconocido por la RAE, pero me encanta utilizarlo.) Verá, en mi intención de elaborar este perfil lo más fidedigno que me sea posible, he recabado información suficiente sobre una parte de la infancia del príncipe Carlos que hasta el momento me era desconocida. No es baladí que le diga lo mucho que he hablado y escrito sobre la princesa Diana, incluso, sobre la segunda mujer del príncipe de Gales, Camila Parker Bowles. Sin embargo, la persona que ha hecho de nexo de unión entre estas dos mujeres, el príncipe Carlos, ha sido hasta este momento un completo desconocido para mí. Y no me refiero a su imagen pública, ni a los embrollos de cuerno quemado que se han vertido indiscriminadamente a modo de dimes y diretes. No. Digo, más bien, a su yo antes de ser pasto de los lobos; al niño que fue antes de que el hilo de Ariadna hiciera de las suyas; al bebé, al escolar, al aprendiz de príncipe. A todo aquello que me pueda proporcionar los datos suficientes para desmentir o aplaudir al público que lo aclama o rechaza en igual medida. He encontrado argumentos. Ya lo creo. Pero nunca hubiera imaginado que su padre, Felipe, duque de Edimburgo, fuera quien marcara al adulto en el que Carlos se convertiría.

Hago un corto inciso para hacerle una pregunta que, por supuesto, también me he hecho yo. Va dirigida a usted, madre, padre, tía, tío, abuelo… Ahí va la pregunta. En realidad, son varias ¿Recuerda el primer día de escolarización de alguno de sus hijos, sobrinos, nietos…?, ¿recuerda su preocupación ante la adversidad que su pequeño podría encontrar en esa nueva experiencia?, ¿recuerda la de veces que durante ese primer año habló con su profesora para advertirle de que tu hijo tenía picaduras de moquitos, de que no había dormido bien, de que estaba empachado...? No conozco su respuesta, pero ahí también creo que coincidiríamos. Esas respuestas son fruto del amor, la ternura y la responsabilidad. Bien, y si yo le digo —por favor, durante estas líneas, tenga presente al niño o niña de sus respuestas—, que, en ese primer día de escolarización, un padre habló con el director del colegio para que a su hijo lo mantuvieran de pie durante las clases, también a la hora del almuerzo, y no le dejaran sentarse bajo ningún concepto, ¿qué me diría?, ¿qué pensaría? Y si le confirmo que ese mismo padre, que consiguió mantener a ese niño siempre en pie durante sus clases, lo cambió de colegio dos años más tarde porque le parecía que eso no era suficiente esfuerzo para él y lo ingresó en un pensionado donde (ahora creo que es diferente) se practicaban los castigos corporales. Y si le cuento que cuatro años después volvió a trasladarlo, esta vez a un internado que respiraba a campo de entrenamiento militar, donde el día comenzaba a las 6:45 h con el toque de diana, y seguía con una ducha fría, limpieza de dormitorio, ese antipático desayuno que debía tomar en pie, catas de combate, marcha campo a través, caminatas por el barro y quebradas del terreno que debía cruzar colgándose de una cuerda. Y dicho esto, ¿qué haría usted como padre, madre, tío, tía, abuela o abuelo, si ese niño de 13 años, taciturno y hermético, le dijera algo así como «*mi corazón sangra en este lugar*»?, ¿no sentiría una punzada en el pecho?, ¿sería capaz de mantenerse firme en su decisión, inerte ante las consecuencias emocionales que esa educación está provocando en su hijo?

Me viene a la memoria el estribillo de una canción que hizo famosa la legendaria Concha Piquer y que decía «*Válgame San Rafael, tener el agua tan cerca y no poderla beber*». Felipe, Felipe duque de Edimburgo, marido de la reina de Inglaterra, Felipe, padre del príncipe Carlos, Felipe, tan próximo al trono británico, pero sabiendo que él no lo ocupará jamás. Felipe, alto, hermoso, siempre erguido, arrogante, imperioso, sarcástico, de un despotismo caricaturesco, exagerado en sus formas. Absoluto.

Carlos, heredero al trono de Inglaterra, reservado, solitario, bueno, apacible, intelectual, 1'80 cm, desproporcionado por una nariz y orejas desmedidas, minucioso, alumno mediocre, amante de la historia. Un hombre tranquilo.

Felipe y Carlos, diametralmente opuestos. El hombre absoluto, el hombre tranquilo. Dos personalidades en las antípodas del universo, unidos y separados por el trono de Inglaterra. Me explico. Mientras Carlos nació como el varón primogénito destinado por sangre a ser algún día rey de Inglaterra, su padre, el duque de Edimburgo, tenía que conformarse con ser el marido de la reina Isabel II, «*una ameba*», como él se describió a sí mismo. Ahora bien, y dicho esto, si las decisiones que tomó el duque fueron —erróneas, o no— diseñadas para fortalecer a su hijo y prepararlo para un futuro reinado obligándolo desde la infancia a un examen del que podía no haber salido victorioso, o bien, representaban un entramado de celos hacia su hijo, al que veía con una

El príncipe Carlos de joven (foto Jodi Green en Flickr).

rivalidad lo suficientemente peligrosa como para adentrarlo en sendas que él mismo no hubiera pisado jamás, es una incógnita, únicamente desvelada basándonos en la opinión individual que extraigamos de esta lectura.

Sea como fuere, con su herencia a la Corona, Carlos también adquirió una mochila demasiado pesada para sostenerla solo, y la imagen del puño alzado de su padre y la omnipresencia de este durante todos los años que duró su educación quedarían para siempre tatuados en su carácter.

Pues bien, su adolescencia fue tan rancia como la niñez que había dejado atrás; cuando llegó el momento con su ansia por conocer el sexo y tener alguna experiencia entre sábanas, su padre se mostró igual de indiferente a las necesidades del chico que, a todas luces, se enfrentaba al deseo sexual más puro y reprimido.

Fue su tío Mountbatten, quien fuera de tanto formalismo y reverencia, se hizo cargo de sus inquietudes presentándole en su propio hogar del condado de Hampshire los primeros escarceos sexuales, carentes de afecto, sensualidad e importancia. Nada nuevo para Carlos.

Y ahí tenemos al tortuoso Carlos con 21 años, exacerbado por un marcado sentido del deber y de las normas protocolarias. Un chaval deseoso de caricias e invisible para el resto del mundo.

Pero esa invisibilidad no era buena para un heredero al trono, que va. Así que debían movilizarse para sacar de la oscuridad al niño tímido. Tenían que fabricar a un Carlos popular, y lo hicieron con una orquestada campaña publicitaria, igual que si se tratara de un yogur, un detergente que blanquea la ropa o unas nuevas galletitas que harían la delicia de su perro. Contrataron a Nigel Neilson, ex consejero de Onassis. Sin duda, una gran adquisición. En unas cuantas semanas, Neilson se metió a la prensa galesa en el bolsillo y los medios —digo yo que sorprendidos del descubrimiento—, empezaron a reseñar los méritos de Carlos, lanzando al mercado cientos de titulares; «*El príncipe Carlos, experto en navíos de guerra*», «*El príncipe de Gales, hábil piloto de aviones de combate*» ... El príncipe de Gales había renacido. Cómo se escribe la historia.

Lo que está clarísimo es que la campaña fue todo un éxito, ni idea de lo que le costaría, ni quién la pago —barata no fue, desde luego—, pero fue una victoria rotunda. El hasta entonces imperceptible principito se convirtió en un héroe para su país y, dicho sea de paso, en el soltero más codiciado. Guapo no era. Lo que se dice sexi, tampoco. Pero, la carencia de belleza había sido sazonada de forma magistral con varias pizcas de morbo.

Por qué Carlos se dejó manejar así, cual títere en su teatrillo palaciego, continúa siendo una incógnita con dos posibles salidas. Una: por su país. Dos: para librarse de su padre. Las dos me valen.

El caso es que los años que Carlos pasó «*consigo mismo*», le hicieron interesarse por una gran variedad de temas. Todos le entusiasmaban. Posiblemente, porque los libros le acompañaban y le hacían sentirse menos solo. Algo así como un refugio donde podía acudir para sentir algo de paz. Cuando le gustaba un tema, no lo abandonaba hasta estar saciado. Después, pasaba a otro que abordaba con igual intensidad: filosofía, historia, grandes religiones, jardinería, y pintura fueron sus favoritos. Todo iba bien, hasta que aparecía su padre, o la reina y le acusaban de estar siempre inmerso en «*sus actividades intelectuales*». Esa frase, pronunciada siempre en tono jocoso, también ha sido su compañera de viaje. Me viene a la memoria el libro de Roald Dahl, *Matilda*, una lectora empedernida a la que todos admiran, menos sus padres, que la consideraban una inútil. De la historia de Matilda se hizo una película, de la de Carlos no, aunque a veces lo parece.

Como he comentado, en la soledad y el dolor, Carlos buscó refugio en el intelecto. Especialmente, en la pintura. Ahí daba rienda suelta a sus sentimientos. A través de la creación artística, el príncipe expresa lo que más le gusta y lo que más desea: la naturaleza. Al mismo tiempo, a través de esa actividad, Carlos canaliza su timidez y, lo más importante, la falta de comunicación con su entorno familiar. En psicoterapia están comprobados los efectos beneficiosos que tiene el arte, en todas sus expresiones, para liberar la subjetividad de la persona. Pintar sobre un lienzo en blanco, era —y es—, para Carlos un medio de comunicación que no puede —o debe—, expresar por otra vía. Pintar se confirmó en él como una terapia alternativa y natural de expresar sus sentimientos y emociones. Lo hacía con placer, de forma relajada, lo que le permitía fluir y olvidarse del entorno. Esa actividad fortaleció enormemente su autoestima y vigorizó varios aspectos de su vida que empezaban a manifestarse como una neurosis. El más importante, la codependencia con su padre.

El príncipe, sin saberlo, había comenzado una terapia muy ventajosa de la que salió beneficiado, aprendiendo a valorarse y robusteciendo su autonomía.

En su afán por este arte, viajó a Italia para tomar lecciones de pintura, y a Japón —deduzco que para pasar más desapercibido—, desplegando su caballete en campos y parques que dejaría inmortalizados en varios de sus lienzos. Y lo que yo ignoraba hasta ahora, es que en su empresa *Prince's Trust* —como le gusta llamarla—, vende algunos de sus cuadros para «*fabricar dinero rápido*» que luego invierte en proyectos de jóvenes emprendedores con muchas ideas y poco efectivo.

Dicho esto, no me extraña en absoluto que el día en que una joven desconocida, desgarbada y mal peinada

111

El príncipe y la princesa de Gales en una entrega de premios, tras un partido de polo en Smiths Lawn, Windsor.

se acercó a él en el descanso de un partido de polo y le dijo con un descaro inmenso, «*mi trabajo, en primer lugar, consiste en hacer una reverencia... y luego saltar a la cama*», la sorpresa de Carlos debió ser extrema. Más aún cuando la mujer sin inmutarse continuó diciendo «*esta frase la decía mi bisabuela Alice Keppel a su tatarabuelo Eduardo VII. Ellos fueron amantes durante doce años... Estaría bien repetir la historia. Me llamo Camila Shand*». Amén del resto que es archiconocido por todos. Solo apuntar que ese pequeño instante, con un precedente de carencia afectiva como el que arrastraba Carlos, junto a una pasión escondida entre las sábanas almidonadas de su regio palacio, iba a desembocar en unas dimensiones de tal magnitud que marcarían su futuro, el del pueblo británico y, por supuesto, el de la monarquía.

Digo pues, que, desde ese día, Camila hizo descubrir al encartonado príncipe un mundo insospechado de sexo y placer, intuyo que sumido en cálidas noches de lujuria y caricias donde, aislados del escrutinio de la corte, daban rienda suelta a una pasión que a gritos anunciaba que sería eterna.

Pronto, la adicción a Camila llevó a Carlos al ridículo de cualquier víctima del enamoramiento que no entiende de rangos ni jerarquías oficiales. Su dedicación a ella era casi exclusiva; sonreía sin motivo alguno —para sorpresa de todos—, perdía la mirada en el limbo y se refugiaba bajo sus acordes preferidos en cuanto se quedaba solo. La enfermedad del amor.

Me han contado que los encuentros de la pareja resultaban casi a diario. Lo hacían, como siempre, en Hampshire, donde previamente, y bajo la discreción más absoluta —yo prefiero llamarle hipocresía—, eran alojados en habitaciones distintas pero contiguas. A ella le correspondía la habitación Pórtico, la misma que años atrás (1950) habían utilizado los padres de Carlos para consumar su matrimonio tras la ceremonia nupcial, mientras que a él lo alojaban en la suite Lady Louise, a una puerta interior —sin cerrar— de distancia de su amante.

Aún tuvieron que pasar varios meses de euforia y amor desenfrenado para que el tío Mountbatten percibiera las primeras notas de peligro en su sobrino: «¡*Cuidado, Carlos!, uno no se casa con sus amantes*», le dijo. Un consejo al que prefiero no referir comentario alguno, pero que, sin duda alguna, fue el germen de todo lo que vino detrás.

Por aquel entonces, a Carlos ya lo habían convertido en un joven egocéntrico. Y es que el nulo afecto que habían demostrado por él sus padres, seguido del aprendizaje recibido que, poco más o menos, venía a decirle que como heredero a la Corona británica era diferente a los demás, y eso lo convertía en un hombre especial —diferente al más común de los mortales—, al que su público le rendiría pleitesía y lo adoraría sin más, se transformó en un arma de doble filo.

Su egocentrismo comenzó a levantar una barrera psicológica frente a las demás personas, que le hacía imposible tomar en cuenta los intereses y sentimientos que no fueran los de él mismo. Egoísmo.

De todas formas, la secuencia siguiente debió de producirse, más o menos, de esta manera: Carlos, desobedeciendo los consejos, peticiones, exigencias y demás, pidió en matrimonio a Camila sin esperar que esta lo rechazara. Camila sabía que no podía encajar en una monarquía como la Windsor donde el príncipe solo podía casarse con una mujer virgen (ella contaba en su haber con numerosos amantes). De esta manera, entre Mountbatten y Camila apartarían de Carlos, temporalmente, la idea del matrimonio.

El resto voy a resumirlo así: hubo conversaciones, intentos reprimidos de consultar a la reina y, finalmente la distancia de nueve meses que procuró el príncipe embarcando en la Marina Real, incorporándose a la Escuela Naval de Dartmouth. Durante ese tiempo no hubo llamadas, solo algunas cartas de amor.

Pasaron los meses y Carlos se reafirmó en su posición de matrimonio con la amante. Vio claro su futuro. No le importaba el reto que se le presentaba y el enfrentamiento que tendría con sus padres, los reyes. Estaba seguro de que Camila era perfecta, y por más que buscara o le buscaran otra candidata, no hallarían en el mundo una mujer que le entendiera y le hiciera reír tanto como lo hacía su amante. Es más, Carlos estaba seguro de que, si él tenía esa impresión, los británicos llegarían a sentir lo mismo por la elegida. ¿Cómo podía ser que, llegado el momento, el pueblo no pensara lo mismo que él? Después de todo, a él le habían convencido de que por ser quien era siempre gozaría de tener unos privilegios especiales. Por tanto, su interés se había focalizado en su propio proyecto, o querencia. Había centralizado su atención únicamente en lo que le hacía feliz. Inconscientemente, estaba convencido de que podría controlar a los demás, incluso forzarles a que le dieran su apoyo incondicional.

Sin embargo, el inmoderado y excesivo amor que Carlos sentía por sí mismo, ese «*solo yo existo*», le hizo pensar que el foco de todo su debate interior sobre la relación con Camila, también era un tema de prioridad mayor para ella, y que sus pensamientos, igual que los de él, girarían sobre la misma cuestión. Y, obviamente, las conclusiones de ambos serían las mismas porque solo esa respuesta al dilema era la correcta.

Tal vez, esa omnipotencia y aires de superioridad que mostró Carlos pensando que únicamente a él le estaba permitido tomar la decisión, le salió rana. Como he dicho, Carlos llegó a una conclusión que dio por hecha, cometiendo el fallo de no contársela antes a Camila. Las consecuencias no tardaron en llegar en forma de anuncio en *The Times*, donde el príncipe se enteró del compromiso matrimonial de Camila y Andrew Parker Bowles.

Desde ese día su relación dio un sinfín de tumbos: parones, intermedios, clandestinidad, infidelidades, peticiones de divorcio…Para y arranca. Pero el príncipe debía contraer matrimonio, era su deber. Ese, y el de engendrar un heredero. Así, que vuelta a la historia de la mujer virgen.

Mujer virgen, igual a Diana. La ecuación la escribió el tío Mountbatten y Camila.

RADIOGRAFÍA DEL PRÍNCIPE CARLOS

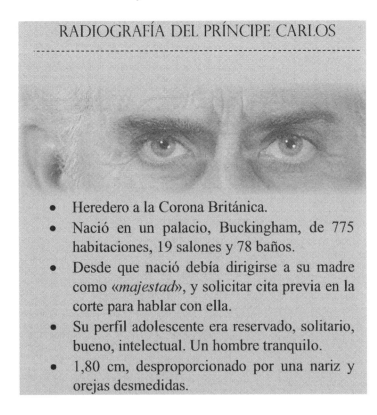

- Heredero a la Corona Británica.
- Nació en un palacio, Buckingham, de 775 habitaciones, 19 salones y 78 baños.
- Desde que nació debía dirigirse a su madre como «*majestad*», y solicitar cita previa en la corte para hablar con ella.
- Su perfil adolescente era reservado, solitario, bueno, intelectual. Un hombre tranquilo.
- 1,80 cm, desproporcionado por una nariz y orejas desmedidas.

- Alumno mediocre.
- Amante de la historia.
- Fue preparado desde la infancia para un futuro reinado, y obligado a una estricta educación de la que podía no haber salido victorioso.
- La imagen del puño alzado de su padre durante los años de su educación quedarían para siempre impresos en su carácter.
- Su confidente fue su tío Mountbatten. El cariño era mutuo y en la intimidad ambos se llamaban abuelo y nieto honorífico.
- El príncipe pasó durante años desapercibido, invisible.
- Para sacarlo de la oscuridad se contrató a Nigel Neilson, ex consejero de Onassis, que hizo una gran campaña mediática para resaltar su imagen.
- Carlos buscó refugio en la pintura. Con ella canaliza su timidez y la falta de comunicación con su entorno familiar.
- Le gusta cultivar su jardín y comer los productos que siembra.
- Su estación preferida es el otoño.
- Desayuna dos zumos de naranja y cereales con miel.
- No bebe café ni té.
- Le gustan las sopas frías.
- En todas sus casas se reserva un rincón tranquilo donde poder leer y pintar.
- *«Mi trabajo, en primer lugar, consiste en hacer una reverencia... Y luego saltar a la*

cama…». Así se presentó Camila Shand al príncipe de Gales. Con ella, inició una relación que marcaría su futuro, el del pueblo británico y el de la monarquía.

- Debía contraer matrimonio con una mujer virgen.

Perfil: cómo se construye un compromiso

Amor, desamor, traición, y tristeza. Ese era el boceto del funesto escudo heráldico que diseñaron Diana y Carlos para su vida en común.

LAS CIRCUNSTANCIAS

El perfil de Diana en el momento de conocer al príncipe era el de una adolescente poco sofisticada, bonita, inmadura, de familia aristocrática, traumatizada por el divorcio de sus padres, necesitada de afecto y virgen.

Además de ser aristócrata, Diana había tenido la virtud de la discreción. Nunca había tenido novio, se había independizado, y llevaba una vida ordenada y sumida en la privacidad. **Apropiada**.

Carlos, príncipe de Gales, heredero al trono británico, educado con severidad bajo los estrictos protocolos de los Windsor, y enamorado de una mujer casada, Camila. Estaba sometido a la influencia de su padre y había sucumbido a la imposición de que debía contraer matrimonio, y de que la novia no podía ser la mujer que amaba, Camila. **Presionado**.

APROPIADA + PRESIONADO

GRAN BRETAÑA

Lo que para millones de personas era un cuento de hadas —el compromiso real—, para Gran Bretaña, inmersa en una vasta crisis económica, bajo los primeros acordes de la ministra Margaret Thatcher, era un beneficio y un balón de oxígeno. Gran Bretaña, acostumbrada a ser una gran potencia económica —la niña bonita de Europa—, se encontraba en una situación difícil. Se había convertido en un problema: bajas tasas de crecimiento, y continuos conflictos con los sindicatos y el Parlamento generaban titulares a diario. Margaret Thatcher, la primera mujer que había alcanzado el ministerio británico, ideó un plan innovador no exento de contradicciones y polémica. La prosperidad de la nación se tambaleaba. Y llegó el compromiso de los príncipes. Todo el mundo contento. Conveniente.

APROPIADA + PRESIONADO + CONVENIENTE = ¿?

Aquí tenemos la materia prima a partir de la cual se construye el compromiso.

LOS HECHOS

A los hechos me remito, dice el refrán popular. Y el hecho, es que la ecuación «apropiada + presionado + conveniente», deja abierto un resultado que, a todas luces, no necesita de mucho esfuerzo para hallar su solución. En cualquier caso, voy a tratar de descifrar los

119

El príncipe Carlos y su prometida Lady Diana Spencer, relajándose en una cerca de Balmoral el 6 de mayo de 1981, durante sus vacaciones en Escocia.

pasos que llevaron a Diana y Carlos al abismo de la relación.

El conde de Mountbatten —Dickie, para la familia— fue el hombre de confianza de Carlos. El afecto del príncipe hacia su tío era sincero y recíproco. Tanto fue así que en la intimidad ambos se llamaban abuelo y nieto honorífico.

Bajo la influencia que Dickie ejercía en su «*nieto*», también se encontraba la de sus primeros escarceos amorosos. Mountbatten fue el primero que le dio la voz de alarma en referencia a su amante Camila, «uno no se casa con sus amantes», y también fue uno de los principales impulsores en inculcarle la necesidad de un pronto matrimonio. Era 1979, los Windsor estaban gestando un viaje a la India que formaba parte de esa recepción pública a la que sometían, de tanto en tanto, al príncipe. Mountbatten —por cariño o conveniencia, quién sabe—, intentó agendar a su nieta Amanda entre los invitados a acompañar a Carlos, y de esta manera propiciar un posible matrimonio. El duque de Edimburgo, hueso duro de roer, no estuvo de acuerdo con la propuesta.

Esa no fue la primera vez que Mountbatten intentó casar a su nieta con su nieto honorífico. En 1974, el conde ya había hecho sus pinitos de celestino, aunque sin ningún éxito.

El caso es que Mountbatten, amante del polo y la pesca, decidió tomarse unos días de descanso en Mullaghmore, condado de Sligo, en las costas de Irlanda. El 27 de agosto —un día que Carlos recordará siempre—, Dickie zarpó en su barco en dirección a la bahía de Donegal, acompañado por su hija Patricia, su marido, sus hijos gemelos, su consuegra y varios tripulantes. Cuando apenas había alcanzado unos doscientos metros de la orilla, Thomas McMahon, miembro del IRA, accionó el mando de control remoto que tenía en la mano e hizo estallar los 25 kg de explosivo que él mismo había colocado la noche anterior en el barco. Uno de sus nietos, su consuegra y un tripulante, fallecieron en el acto. Los demás, gravemente heridos, incluido Dickie, fueron rescatados por un barco pesquero. A las pocas horas, el tío Mountbatten falleció. Y este desagradable acontecimiento, que tal vez esté pensando porqué lo incluyo aquí, fue determinante en la vida de Diana y Carlos. Resulta irónico que fuera precisamente la muerte del hombre que había propiciado —y escondido—, todos los escarceos amorosos de su nieto honorífico, el que diera los primeros acordes a Diana para establecer su primer vínculo con el príncipe.

Bien, unos meses después del entierro de Dickie, Diana y Carlos coincidieron en un partido de polo. Allí, Diana le expresó a Carlos sus condolencias y le dijo que lo veía muy triste… muy solo… que necesitaba a alguien que se ocupara de él.

Obviamente, no fue como la presentación de Camila (*«lo primero es presentarme, y después saltar a tu cama»*) pero, en realidad, nadie podía ser como Camila.

El caso es que Diana acertó en cómo se sentía el príncipe, y sus palabras llegaron en el momento oportuno. Cierto es que se sentía solo y cierto es que estaba triste.

Y no menos cierto es que Diana debió de fascinarlo con esa suerte de ingenuidad pueril y su modo particular de bajar la cabeza y sonreír desde abajo, porque esa misma noche el príncipe le diría a dos de sus amigos que había conocido a la mujer que sería su esposa, y les habló con generosidad de lo mucho que le habían gustado sus buenos modales y cuánto valoraba el que apreciara la vida de campo. También dijo que no había sido un flechazo, pero le entusiasmaba lo cariñosa que era y sentía que podía enamorarse de ella. Esas palabras decían mucho en un hombre que veía el amor de una forma muy racional: «*el amor es, ante todo, una amistad muy fuerte. Es necesario compartir los mismos intereses, las mismas ideas, y sentir un gran afecto el uno por el otro. Y cuando se tiene suerte se puede encontrar a una persona atractiva, tanto física, como moralmente*».

Diana, por su parte, había encendido la chispa de un sueño. Hablaba a sus amigas aturrullada de la atención que había generado en el príncipe, y empezó a alimentar su pensamiento acerca de casarse con Carlos, «*el príncipe iba a rescatarla de todo*». Ese era su sueño.

Cuando Carlos la invitó a pasar un fin de semana en el Castillo de Balmoral (refugio escocés de la familia real), su imaginación se disparó. En su mente soñadora, Diana se vio en el altar, se vio vestida de blanco, se vio dando el sí quiero a su príncipe azul. Si es cierto —y yo creo mucho en eso— que los pensamientos se pueden, de alguna manera, programar para atraerlos, Diana acertó de lleno.

Su paso por Balmoral también fue distinto a las citas a hurtadillas que había tenido el príncipe con Camila. Todo fue muy casto. A diferencia de los famosos encuentros de Carlos con su amante, que aprovechaban esas escapadas para compartir cama, mesa y mantel, la estancia de Diana fue casi protocolaria. Mientras Carlos se hospedó en la mansión principal, su invitada fue alojada en una casa adyacente. Pero toda precaución fue poca. Precisamente ahí, en medio del campo y la naturaleza, Diana comenzó su relación de amor-odio con la prensa. Al parecer, unos paparazzi que rondaban por la zona, captaron una imagen de Diana y Carlos en los jardines de la finca. Por supuesto, con el desayuno llegaron los titulares, y con ellos las primeras líneas publicadas de los millones que se habrían de escribir sobre la pareja.

Desde ese momento, Diana dejó de ser anónima, y aunque solo hablaban de una amiga especial del príncipe, los medios de comunicación ya se habían asentado delante de su casa y de su lugar de trabajo, con la intención de obtener alguna exclusiva que los complaciera. De esta manera comenzó la larga especulación pública de quién era realmente esa mujer, y con quién debía casarse el príncipe de Gales.

Diana salió airosa de todo ese tejemaneje mediático que se había montado en torno a su persona, es más, con su aire de cachorrillo tímido consiguió enamorar al mundo. Estaba encantada. Sus amigas reconocían que se había instalado en una burbuja, y que no deseaba hacer nada que pudiera malinterpretarse. Desde Balmoral, Diana vivía en el sueño de casarse con Carlos. Ese se había convertido en su objetivo.

Por su parte, el príncipe vivió la situación de forma muy distinta. Por un lado, sumaba a la presión que ya tenía por parte de su padre de que debía contraer matrimonio —y, no olvidemos lo de adecuada y virgen—, la presión mediática. La pareja se convirtió en el centro de atención para la mayoría de los británicos,

Los anillos de compromiso del Príncipe de Gales y su prometida
Lady Diana Spencer en una foto de 1981.

casa real incluida. La noticia de un futuro matrimonio real era un asunto esperado, y con muchos beneficios detrás. Y suma y sigue. Pero, al mismo tiempo, el factor más determinante para el príncipe era ¿qué hacía con Camila? Su Gladis, como él la llamaba en la intimidad (ella a él lo llama Fred, ambos, en alusión a los personajes protagonistas de una serie de televisión). Ese era un asunto que se le iba de las manos. Le costaba estar alejado de una mujer que, además, era su gran amiga, su cómplice, su todo en muchas ocasiones. Y, por contra, conocía sus deberes soberanos.

A los cercanos que sabían de su relación sentimental con Camila, les había dicho que si daba el paso con

Diana, Camila continuaría siendo su gran amiga, pero cortaría radicalmente sus encuentros amorosos. Por lo menos esas eran sus intenciones. Aunque otras voces opinan que Camila, partícipe de todo el tinglado de «*se busca esposa*», había contribuido con esmero a localizar una virgen moldeable, y que, llegado el caso, aceptara a su persona como la amante de su marido. A saber.

Por otro lado, el interés demostrado por los medios, que, asimismo, evidenciaba los propios intereses de Gran Bretaña, habían despertado la alerta en el duque de Edimburgo, el único a quien Carlos aún seguía obedeciendo. Y este le advirtió que no podía demorar más la decisión, o la dejaba o se casaba. El ultimátum estaba servido.

Carlos estaba confuso. Por un lado, se encontraba el príncipe que quería avanzar, dar el paso, dejar el pasado en la historia. Por el otro, se encontraba el hombre, cuyos intereses los dictaba el corazón, y este latía con fuerza por una mujer inadecuada para la monarquía, pero perfecta para él. La razón de Estado dobló al príncipe.

En los primeros días del mes de febrero de ese mismo año 1981, Carlos regresaba de un viaje de tres semanas que le había servido para tomar la decisión de dar ese paso hacia el compromiso. Tres semanas en las que —Diana contaría más tarde—, no hubo ninguna comunicación entre la pareja; ni una llamada, ni una carta.

Esa misma noche, el príncipe invitó a Diana a cenar en el palacio de Windsor. Lo que sigue fue completamente premeditado por su parte. Carlos jugó con ventaja. Mientras Diana esperaba nerviosa la reacción del príncipe al volver a verla y se debatía en innumerables posibilidades, Carlos había organizado una cena romántica a la luz de las velas con una intención clara. Obviamente, consiguió sorprenderla — reitero que Diana aún se dirigía a Carlos como sir (señor)—. Y la gran pregunta fue formulada. Diana rompió a reír nerviosa, muy nerviosa. Aceptó. Dejó de llamarle señor.

A mi este hecho me perturba. Vamos a ver. Hacía siete meses que «*salían*» juntos, pero durante todo ese tiempo apenas se habían visto una docena de veces, no se tocaban, no se hacían arrumacos, él la llamaba cuando le placía y mientras tanto, Diana aguardaba, cual «*cenicienta*» enamorada, las señales de su príncipe. A todo esto, el mencionado príncipe aparece y desaparece como Houdini. No da explicaciones, no emite disculpas y ella acepta todo esto. No hay preguntas, por su parte, no hay reproches, no hay sospechas. Y digo yo, ¿qué pasaba por la cabeza de esa mujer? Tal vez, la ingenuidad de que todo cambiaría con el matrimonio, o tal vez el pensamiento de «*ya te amoldaré a mi manera cuando no tengas vuelta atrás*». En cualquier caso, como la mahonesa, si los componentes son malos, la salsa se corta.

En fin, con estos ingredientes macerando, esa misma noche, la pareja fijó el día de la ceremonia nupcial para cinco meses después, haciendo coincidir la fecha con las vacaciones parlamentarias y que los ciudadanos pudiesen contar con un día festivo.

El 28 de febrero de ese mismo año el compromiso se hizo oficial. El palacio de Buckingham Palace se dirigió al mundo con este comunicado: «*Es con el máximo placer que la reina y el príncipe de Edimburgo anuncian el compromiso de su querido hijo, el príncipe de Gales con Diana Spencer, hija del duque de Spencer y de la honorable señora Shand».*

Fue un placer, ya lo creo, pero un placer envenenado cual manzana de Blancanieves. Pronto se verá.

En fin, el resto del protocolo de compromiso ya lo vio medio mundo en televisión. Aunque tal vez quedara en el limbo mediático algún que otro dato sobre la elección del anillo de compromiso que Carlos regaló a su prometida. Podéis haceros una imagen idealizada —yo también me la hice—, de que el novio sorprendió a Diana sacando del bolsillo el maravilloso anillo (en oro blanco de 18 quilates que sostenía un generoso zafiro azul intenso de 12 quilates, coronado por 14 puntas de diamantes, a un coste de 28.000 libras), y entregándoselo de rodillas a una novia ruborizada y sorprendida. Pues no. El anillo lo eligió ella entre una extensa selección de anillos de compromiso diseñados para lucir en el dedo de cualquier mujer que pudiera permitírselo. Lo normal en estos casos soberanos es personalizarlo, es decir, diseñar un anillo exclusivo que no estuviera en el catálogo de ninguna joyería y fuera fabricado expresamente para ella. Otra vez no. Diana escogió la joya incluida en un catálogo de creaciones de Garrards. Fin de la historia. De esta historia, claro, del resto aún falta por contar.

Objetivo Pigmalión: construir una princesa

Titulo este apartado, el objetivo Pigmalión porque yo lo veo así. Todo comenzó como en el cuento, la obra de teatro de Bernard Shaw, en el momento en que Henry Higgins, profesor de fonética, conoce a la florista Eliza Doolittle y decide convertirla en una «*dama*». De alguna manera, Carlos pensó que debía convertir a esa mujer plebeya en una auténtica princesa. Y Diana, por su parte, también pensó que debía convertir a su príncipe en el más gentil de los enamorados. Resumiendo, ambos partían de la base de ver en el otro una carcasa estupenda, pero solo eso. El resto había que pulirlo y darle brillo.

Un mes después del compromiso, la prometida agarró sus bártulos y se instaló en Clarence House, naturalmente por petición soberana.

Y así llegó Diana a palacio, con su equipaje y todo, con su dulzura y todo, con su entusiasmo y todo. Y, todo, todo. Todo un maremágnum de problemas en su mochila. Es cierto, aunque Diana emprendió el camino a princesa con mucha ilusión, era una mujer profundamente herida.

Sus primeros días los veo como los de un niño pequeño cuando empieza a valerse solo: «*esto no se hace, esto no se toca, esto no se dice, esto tienes que hacerlo, esto tienes que decirlo, ahora ríe, ahora no*»... Todo estaba medido y planeado. Diana tenía que adaptarse a una nueva vida; vivir con una familia desconocida, adaptarse al rígido protocolo, acostumbrarse a la aclamación popular, acomodarse al seguimiento microscópico de todo cuanto decía, y todo esto tenía que hacerlo sin saber exactamente lo que esperaban de ella.

Las enseñanzas llegaban a tropel y ella estaba dispuesta a memorizarlas todas, por lo menos, de momento, después ya se vería. Ya había aprendido que

debía caminar siempre detrás de él, a dar la mano siempre con guantes —después dejó de hacerlo—, y si se saltaba alguna vez el protocolo y tocaba a alguien con las manos desnudas, se le recomendaba que tomara baños de manos con agua y sal. Tuvo que instruirse en la historia antigua de la monarquía, aprender a saludar, a sonreír, y a hacer la reverencia a la reina.

Sus colores en el vestir debían ser perentoriamente llamativos; a cualquier miembro de la familia real se le tiene que distinguir al primer golpe de vista. Sus zapatos tenían que ser sin tacones cuando estuviera junto al príncipe —él medía 2 cm más—, nunca tendría que sobrepasarle en estatura y, creedme que el siguiente consejo también se lo dieron: a los miembros de la familia real hay que tratarles como a estrellas de cine a cada uno de ellos, y nunca se deberán poner dos estrellas juntas en el mismo escenario. Diana no debería rivalizar nunca con ninguno de ellos, aunque con el tiempo ocurrió.

La futura princesa también tuvo que adaptarse al funcionamiento de las grandes cenas en Buckingham, y no penséis que esto es sencillo. En el salón hay unas bombillas que controla el mayordomo desde un teclado. Cuando se enciende la bombilla naranja, los camareros deben ponerse a merced de los invitados, con la verde comienzan el servicio y con la roja deben retirarse. La primera en ser atendida es la reina y cuando ella termina apoya su cubierto sobre el plato, que es la señal para que la bombilla cambie de nuevo su color al verde.

Diana aceptaba todo cuanto le decían. No ponía objeción a nada. Ella solo soñaba con casarse y tener muchos niños. Para la familia real era todo cuanto habían deseado para la futura princesa de Gales, además era preciosa y su presencia cautivaba enseguida.

Sin embargo, la neurosis que padecía Diana no se curaba únicamente con ilusión. Diana comenzó a sentirse sola en medio de un palacio repleto de gente. Sus dificultades para adaptarse a esa nueva vida se fueron haciendo evidentes. De pronto, comenzó a sentirse vulnerable. Oscilaba entre el júbilo y la insatisfacción, dos sentimientos muy frecuentes en la depresión. Y nació su miedo a no ser perfecta.

Mientras todo esto le sucedía a Diana, Carlos asumía como podía el compromiso con una mujer a la que podía amar, pero que aún no amaba, y se despedía con nostalgia de Camila, aprovechando todo el tiempo que podía junto a ella. Carlos había decidido hacer funcionar su matrimonio, y desde el mismo día de la boda, Camila solo sería una buena amiga.

Así, llegó la noche del 28 de julio, la víspera de la boda. Para Diana y Carlos era su última noche como solteros. Diana cenaba sola frente al televisor cuando el mayordomo le entregó un paquete de parte del príncipe. Era un anillo grabado con el sello personal del príncipe de Gales y una tarjeta que decía: «*Estoy orgulloso de ti y te estaré esperando mañana en el altar cuando avances hacia mí en la iglesia. Mírales a los ojos y verán que eres maravillosa*».

Aunque años después Diana describió su última noche de soltera diciendo que se sentía «*como un cordero a punto de ser degollado*», la realidad es que se fue a dormir deseando que llegara pronto la hora de hacer realidad todo cuanto había imaginado. Tal vez si le hubieran dicho dónde estaba su futuro marido en ese momento, sí que hubiera tenido razón, como poco, de sentirse así.

Carlos pasó su última noche de soltero con la mujer que desde hacía años ocupaba su corazón. De ella se despidió con nostalgia esa noche, y ambos se intercambiaron regalos de enamorados —él un brazalete y ella unos gemelos—, al más puro estilo de Romeo y Julieta. Creo que el príncipe era sincero cuando se despedía de Camila, otro cantar es lo que vino después.

El primero que llegó a la iglesia fue el padre de Diana, que se acercó a la prensa con un escrito en la mano que quiso leer ante las cámaras:

«*Me gustaría decir unas palabras. La familia Spencer, a través de los siglos, luchó por su rey y por la patria. Hoy, Diana hará la promesa más solemne de dedicar el resto de sus días al servicio del país. Con lo que seguirá la tradición de sus antepasados y lo hará con el hombre que ama a su lado».*

Lo cierto es que sus palabras fueron una sorpresa para los periodistas que solo esperaban conseguir instantáneas y que tuvieron unas de las pocas declaraciones que se hicieron públicas ese día.

Pero el momento más esperado por los setecientos cincuenta millones de personas que seguían el enlace fue el de la llegada de la novia. Diana bajó de la carroza de cristal, tirada por caballos, en las puertas de la catedral de San Pablo, luciendo su espectacular vestido de novia inspirado en la época victoriana. El traje había sido diseñado por David y Elizabeth Emanuel, que lo habían confeccionado en seda de tafetán al que le habían cosido diez mil perlas cultivadas y madreperlas rodeadas por un cordón de marfil que perteneció a la reina María, bisabuela del príncipe Carlos. La cola medía 7,62 metros y el velo de encaje, que pasaba de los 8 metros, se había fijado a una tiara de oro blanco con brillantes, herencia de la familia Spencer.

En la mano, la novia, se aferraba al ramo que le había confeccionado —hizo dos idénticos por el primero sufría algún desperfecto—, la florista Doris Wellham, con orquídeas, gardenias, y lirios blancos del valle (sus preferidos).

Los novios se juntaron en el altar: «*Estás maravillosa*», dijo él. «*Maravillosa para ti*», contestó Diana.

«*Yo, Diana Frances, te acepto a ti Carlos Felipe Arturo José por esposo, y prometo serte fiel desde este día, según la ley de Dios*».

«Yo, Carlos Felipe, te tomo a ti, Diana Frances como mi esposa en nupcias para poseerte de hoy en adelante, según la ley de Dios». No quiero ser quisquillosa en este punto, pero el hecho de que Diana le prometa fidelidad y Carlos desee poseerla, me llama poderosamente la atención. No lo veo claro.

Los novios se intercambiaron las alianzas, que habían sido pacientemente elaboradas con una pepita de oro galés que le habían regalado a la reina madre en 1923 para su anillo de bodas, y que también fue utilizada por la reina Isabel.

El cuento de hadas se había hecho realidad —aunque solo fuera por unos días— y los novios, ya como marido y mujer, partieron en la carroza real, escoltados por veinticinco oficiales del regimiento de caballería de élite de la reina, a la recepción del banquete de bodas que se ofrecía en palacio. Ciento diez kilos y un metro y medio de tarta —repartidos en cinco pisos que habían sido elaborados tras la maceración de la masa en diferentes licores durante tres meses, a lo que añadieron tres meses más para su preparación—, fue el colofón de una boda que costó casi un millón de libras. Aunque como chascarrillo le digo que en la recepción hubo hasta 27 pasteles de bodas.

«Autopsia» del matrimonio

La luna de miel comenzó en Gibraltar y desde allí embarcaron a bordo del yate real Britania, para realizar un crucero por el Mediterráneo que duró tres meses, con una única parada en Egipto.

Diana dijo: «*Tenía muchas esperanzas que quedaron destruidas el segundo día; mi esposo llevó seis libros de Lauren Van Der Post para leer antes de dormir, así que en cada comida que nos dejaban estar solos, él me hablaba de ellos*».

Estoy convencida de que Diana idealizó su luna de miel. De alguna manera estaba dispuesta a vivirla como en las novelas de Cartland: amor, palabras románticas, velas, susurros, más amor... Y todo lo que no fueran muestras de cariño, Diana lo entendía como desamor, soledad. Su inseguridad, ese creerse no perfecta, la llevaba a pensar que él no podía quererla, y que su comportamiento era del todo inadecuado en una luna de miel.

Sin embargo, es posible que el príncipe tuviera unas costumbres establecidas que continuó ejerciendo en su luna de miel, y que con toda seguridad lo hubiera hecho igual si la novia hubiera sido Camila. No era una cuestión de amor, sino de cómo cada uno de ellos vivía el amor. Para ella era indispensable el contacto continuo y la atención extrema de su marido, para él, en cambio, ella ya formaba parte de su vida y él la hacía partícipe de ella.

Para el príncipe era normal compartir con su mujer el ocio, como por ejemplo la lectura de los libros del filósofo y amigo Van der Post. De alguna manera, quería introducir a Diana en su mundo, pero Diana, dolida y abrumada, no le dejó. Tal vez si Diana le hubiera mostrado sus preferencias, es posible que hubieran podido compartir más momentos, pero es cierto que sus gustos coincidían muy poco. Mientras que al príncipe le gustaba montar a caballo, ella detestaba hacerlo; la caza tampoco era un ocio que compartieran, ni la jardinería con la que tanto disfruta Carlos, ni la pintura. Diana prefería nadar —lo hacía todos los días—, salir a comer, el ballet, bailar, ir de compras… Otra vez aficiones no compartidas. Cierto es que, al principio, y solo al principio, les gustaba pasear juntos por Highgrove, donde residieron los primeros años de casados, pero a Diana no le gustaba vivir allí, y pronto dejó de caminar junto a su marido. Tampoco creo que él insistiera.

Los amigos del príncipe insisten en que al principio él hizo muchas cosas para intentar satisfacerla y que fuera feliz, pero Diana requería el cien por cien de su marido. Me cuentan que el primer tiempo de casados, Carlos vivió constantemente pendiente y preocupado por su esposa. Le compraba vestidos que no estuvieran hechos en Inglaterra para que se los pusiera en la intimidad y le escondía regalos en la habitación.

El 21 de junio de 1982 nació Guillermo, el primogénito de Diana y Carlos. La elección de su nombre también les produjo algunas desavenencias. El príncipe quería que se llamara Arturo y Diana prefería Guillermo. Ganó ella.

Carlos estaba muy ilusionado con el nacimiento de su hijo y a la mañana siguiente llegó al hospital con un regalo para su mujer, un espectacular collar de diamantes con un corazón en el centro.

Si a todo esto le sumamos el deseo de la princesa, escrito en su testamento, en el que expresa que a su muerte quería ser enterrada junto a su padre, no hay más que hablar, porque su padre, y también su abuelo (falleció en 1975), entre otros Spencer, se encuentran

enterrados bajo la cripta de la iglesia, tal y como muestro en el siguiente documento custodiado en sus archivos.

Esas primeras navidades disfrutaron de la nueva familia que habían formado, por lo menos, es lo que Carlos les dijo a sus amigos. Diana parecía disfrutar también, aunque era como si no consiguiera ser feliz del todo. Después, los vaivenes emocionales de la princesa lo echaron para atrás. Carlos no supo ver los mensajes de auxilio que escondían las acciones de su esposa. Acciones que eran cada vez más evidentes. De pronto, Diana se reveló con un carácter espeluznante. Se negaba a sonreír ante los fotógrafos; tan pronto se daba atracones de comida, como lo vomitaba todo después. Con el servicio se volvió extremadamente exigente, y abrumaba al príncipe con sus amenazas de suicidio y su eterna desconfianza. Todo empeoraba cuando él en lugar de acercarse, se negaba a acceder al chantaje emocional de su mujer. Ella no lo veía así. Para Diana era una señal de abandono, de desamor. Ambos empezaron a desencantarse por motivos muy diferentes.

Y, mientras todo esto ocurría, fuera de palacio la pareja era aclamada por un público que cada vez se fijaba más en Diana, en sus vestidos, en su peinado, sus zapatos... Ningún problema trascendía de las regias paredes.

Por otro lado, Carlos, acostumbrado a acaparar todas las atenciones —no olvide que fue educado para ello—, vio como era suplantado por Diana. El repentino éxito mediático de la princesa le pilló desprevenido y su narcisismo se vio herido.

La pareja en una foto oficial de 1981 en la carátula trasera de un disco de la BBC con la grabación de la ceremonia del enlace (foto de «Piano Piano!» en Flickr).

De alguna manera, Diana no siguió el consejo de su preparación para princesa de no poner a dos estrellas sobre el mismo escenario, y no solo subió, sino que se puso en el lugar protagonista.

Poco a poco, el vanidoso príncipe veía como se iba haciendo invisible para su público y, aunque trataba de disimular su preocupación, se volvió mucho más distante. Tenía celos. En una ocasión bromeó con esa situación diciendo socarronamente «*he llegado a la conclusión de que debería tener dos esposas, así ellas podrían saludar a ambos lados de la calle, y yo podría estar en medio dirigiendo la operación*». Ya no era la estrella.

En 1984, año en que nació Enrique, el segundo hijo de la pareja, su relación estaba prácticamente desintegrada. Esta vez no hubo regalos. Por el contrario, Carlos se fue a jugar al polo y bromeó con la prensa sobre el pelo rojo del recién nacido, diciendo que había salido a los Spencer. Diana dijo a sus amigos que algo murió en ella ese día.

A partir de aquí todo fue a peor.

Tres años más tarde, cuando regresaron de un viaje oficial a Portugal, el príncipe cerró la puerta de su habitación conyugal para siempre. Se trasladó a otra habitación y Diana supo que su matrimonio había muerto. Camila había regresado; esta vez, para quedarse.

Pero Diana no se rinde y prepara su estrategia, lanza globalmente su imagen pública y comienza a colaborar con un gran número de organizaciones benéficas: enfermos de sida, niños infectados de lepra… Ahí empieza la gran venganza de la princesa.

Diana era una persona muy determinada, se imponía metas e iba a por ellas.

Sin embargo, algo me dice que todo lo que hacía Diana era pensando en su marido. Diana pretendía doblegar al príncipe, darle celos, ganarle… Para conseguirlo, muchas veces llamaba a algún periodista y le explicaba su versión de las cosas, o bien les decía dónde iba a estar para que le sacaran fotos, por ejemplo, en una hamburguesería con sus hijos. De alguna manera, jugaba con el papel mediático que ella sabía que tenía. Ese era su gran poder. Pero creo que su visión final era que él volviera rendido de amor por ella.

Bajo la perspectiva del príncipe, del hombre tranquilo, del hombre egoísta, todo lo que Diana hacía servía para construir un océano cada vez más grande entre ellos, tan grande, que ya no tenían nada que ver el uno con el otro. Ni siquiera la conveniencia que en un principio les unió.

Ambos se hicieron mucho daño, más aún por no ceder a la ruptura pública —la privada ya se había consumado—, Diana jugaba con esa carta. Ella sabía que romper la relación era un varapalo para una monarquía que sabía a todas luces lo mucho que el público la adoraba. Carlos también lo sabía y aceptaba la situación, siempre y cuando pudiera hacer su vida independientemente de una mujer, en su opinión, desquiciada. A él le costaba poco hacer el paripé delante de su público; había sido bien entrenado desde la cuna.

Así que la vida sigue para los dos como en una película de *Cinexin*, el cine sin fin, una cinta donde el rollo no para jamás de dar vueltas.

En 1989 hubo un altercado que fue clave en la mejoría de Diana. De alguna manera creo que le sirvió de mucho. El hecho se produjo durante la fiesta de cumpleaños de Anabel Elliot, hermana de Camila.

Por algún motivo, Diana recibió la invitación para asistir al cumpleaños de Anabel, y aunque Ken Wharfe, jefe de su oficina de protocolo, le aconsejó que no aceptara la invitación, ella no le hizo caso y asistió. Lo

SANIDAD	
Nueve universitarias donan óvulos por 100.000 pesetas	**23**
SUCESOS	
Un español de raza negra apuñala a dos chicos en Madrid	**25**

Sociedad
Y C I U D A D E S

PROFESIONES	
Pugna electoral en el Colegi d'Advocats por los presupuestos	**27**
BARCELONA	
Maragall pide mayor optimismo ante el 93	**30**

Una conversación erótica del príncipe Carlos con su amante puede costarle el trono

EL DIÁLOGO

El diálogo fue grabado en diciembre de 1989 por un radioaficionado, que interfirió la llamada del príncipe desde su coche

CAMILLA: "No puedo soportar una noche de domingo sin ti"

CARLOS: "Oh, Dios"

CAMILLA: No puedo empezar la semana sin ti"

CARLOS: "Yo te lleno el deporto"

CARLOS: "Me gustaría, sencillamente, vivir dentro de tus pantalones"

CARLOS: (bromea) "Me gustaría convertirme en un tampax"

CARLOS: "Espera que estoy apretando el 'tit'" (el botón para evitar interferencias. También significa teta)

CAMILLA: "Me gustaría que estuvieras apretando la mía" (doble sentido)

Portada de la revista australiana "New Idea", que publica la transcripción de la cinta donde conversan Carlos de Gales y Camilla Parker-Bowles

CIUDADANOS

■ La relación con la esposa de un amigo puede arruinar el futuro del heredero, quien sería, si reina, jefe de la Iglesia anglicana, que considera sagrado el matrimonio y condena el adulterio

La "víctima" manipulaba la prensa

■ Las últimas informaciones sobre las conversaciones sostenidas por los príncipes de Gales...

Los príncipes de Gales lleva a sus hijos al colegio de Ludgrove hizo de forma premeditada. Diana sabía que habría un antes y un después para ella tras esa celebración

Durante el transcurso de la fiesta, Diana perdió de vista a su marido y a Camila y le dijo a Wharfe que la ayudara a encontrarlos… Estaban en el sótano hablando. Entonces Diana se acercó a Camila y le dijo: «*Sé lo que está pasando, no pienses que soy una estúpida*». Después se fue al coche donde esperó a su marido. El coche arrancó y ninguno de los dos se dirigió la palabra. Todo estaba dicho.

Es posible que enfrentarse a «*esa mujer*», como la princesa llamaba a Camila, tranquilizara su ánimo, la dejara en paz. Sin embargo, en lo que refiere a su relación con Carlos, solo empeoró.

Apenas unos meses después, el príncipe tuvo un accidente jugando al polo y se rompió un brazo. Diana fue enseguida al hospital para consolarlo, pero Carlos le dijo que no se preocupara de nada, que de su convalecencia se encargaría Camila.

Para Diana fue una nueva crisis, no podía entender cómo su marido no acudía a ella. Sin embargo, para el príncipe, el tiempo que duró su recuperación fue vivido con enorme complacencia.

Este punto me dice mucho. En realidad, el príncipe necesitaba una recuperación del brazo roto y podemos imaginar lo que eso supone; un brazo escayolado, unos días de antiinflamatorios y calmantes, algo de ayuda para vestirse, un poco de reposo y luego una pequeña fisioterapia para volver su movimiento a la normalidad. Más o menos, eso. En cambio, su retiro parecía más una terapia de spa, una huida espiritual. Lo veo como una necesidad imperiosa de desconexión con su entorno. Se dedicó a caminar, leer, pintar… De algún modo, a relajarse. Carlos sabía mucho de esa supervivencia, lo había aprendido en su infancia. Y, en medio de todo esto, Camila, la mujer que no le ponía problemas; su amiga incondicional, y también su amante.

De nuevo surge la venganza. Diana necesitaba que todo el mundo supiera lo que le estaba sucediendo y no sabía cómo hacerlo. Su amigo, el aristocrático doctor James Coldherst, le aconsejó que debía contarlo. No obstante, conceder una entrevista sería catastrófico para ella, podrían juzgarla de enferma mental y podría perder el control de sus hijos. Eso la horrorizaba.

Entonces, Coldherst la animó a contar su historia a través de un intermediario que podría editar un libro: Andrew Morton.

Ella grabó seis cintas para Morton hablando de su infancia: «*Mi padre cacheteaba a mi madre, y ella lloraba mucho detrás de una puerta*»; de su bulimia: «*La bulimia empezó la semana después del compromiso*»; y de la infidelidad extraconyugal de su marido, pero no habló en ningún momento de la suya.

Se publicó unos meses más tarde —junio de 1992—, con un gran revuelo mediático. El libro cambió su futuro, y en parte, también la historia.

Pero aún hay más. Cuando apenas se habían acallado los rumores sobre el libro, la prensa filtra una conversación íntima entre Carlos y Camila. El vaso rebosó.

La separación de los príncipes de Gales estaba servida:

La Princesa de Gales con el famoso vestido negro conocido como «vestido de la venganza», un diseño creado por Christina Stamboulian, en gasa plisada, con panel lateral flotante, durante una fiesta dada en la Serpentine Gallery de Londres en 1996.

«El palacio de Buckingham anuncia, con pesar, que el príncipe y la princesa de Gales han decidido separarse».

Así rezaba el comunicado que John Mayor, Primer Ministro Británico leyó ante la Cámara de los Comunes, subrayando que no era un divorcio, sino una decisión *«amistosa»*, y que ambos pensaban continuar con sus agendas oficiales por separado.

En cualquier caso, esto era un mero formalismo porque los príncipes ya llevaban tiempo no solamente haciendo vidas separadas, sino viviendo alejados el uno del otro. Mientras Diana lo hacía en el hogar que habían compartido, el apartamento de Kensington, Carlos se había trasladado a Highgrove, y cuando su presencia era requerida en Londres, vivía en la residencia oficial de la reina madre, en Clarence House. En la actualidad, Carlos continúa residiendo de la misma manera, y en el apartamento de Kensington vive el príncipe Guillermo con Catalina y sus hijos.

Pero los escándalos llegan sin descanso. Primero, *The Sun* publica una conversación telefónica muy íntima entre Diana y su presunto amante, James Gilbey, a la que tituló *Dianagate* (*Squidgygate*, al principio), en referencia al caso Watergate. La conversación fue grabada sobre los 90, y en ella se escuchaba a Diana quejarse de su matrimonio expresando a Gilbey sus miedos de quedarse embarazada.

Después, el 29 de junio de 1994, se emite un documental en televisión donde el príncipe de Gales confiesa públicamente su infidelidad con Camila, y se refiere a su matrimonio como un fracaso. Esa misma noche, Diana se venga con su famoso y sexi vestido negro (el famoso vestido de la venganza, creado por Cristina Stamboulian), entrando con una sonrisa en la *Serpentine Gallery.*

Pero la cosa tampoco queda ahí, y en noviembre de 1995, la BBC emite en televisión una entrevista que Diana había concedido para el programa Panorama, donde por primera vez confiesa sus miedos, sus trastornos alimenticios, su depresión, la infidelidad de su marido con Camila «*somos tres en mi matrimonio*», y la suya propia con James Hewitt.

Sin duda, esa fue la gran venganza de la princesa, pero se le fue de las manos. La entrevista fue un escándalo y la reina dijo que había que poner fin a la situación. La separación ya no era suficiente, y comunica a los príncipes de Gales que «*es su deseo un rápido divorcio*». Carlos estuvo de acuerdo. Posiblemente Diana quería venganza, pero no el divorcio. Se arrepintió.

El proceso de petición del divorcio por parte del príncipe duró de junio a agosto de 1996. Carlos le hizo desde el principio una oferta generosa de 15 millones de libras esterlinas, esperando que el proceso no se demorara, pero Diana tardó semanas en responder.

El acuerdo de divorcio se firmó el 28 de agosto, por real decreto, en el que Diana perdía su status de S.A.R (su alteza real) y ser miembro de la familia real, pero continuaba siendo la princesa de Gales.

Y digo que...

Sigo pensando que el amor que sintió Diana por Carlos lo mantuvo hasta su muerte. Y ese mismo amor, aunque manifestado de forma distinta, lo sintió él por otra mujer, Camila Shand, de quién se enamoró mucho antes de conocer a Diana.

No es mi intención culpar ni disculpar las acciones de ninguno de los dos. Como tampoco lo es tomar partido por alguno de ellos. No busco acuerdos. Siendo honesta, pienso que ambos podían haber hecho las cosas infinitamente mejor. Sin embargo, me horroriza pensar lo mucho que sufrieron ambos. Le invito en este momento, ahora que tiene un poco más claro el perfil y circunstancias de Diana y Carlos, a que se ponga en la piel de cada uno de ellos y la interiorice con total transparencia, con objetividad. No es fácil, lo sé.

Por mi parte, no puedo dejar de imaginar lo que sentiría el novio mientras esperaba a Diana en el altar y dirigía su mirada al banco donde Camila, el amor al que debía renunciar, estaba sentada, expectante; como un invitado más... Observando cómo iba a suceder la escena. Tampoco puedo dejar de pensar en las emociones que palpitarían en el corazón de una Diana enamorada cuando caminaba del brazo de su padre hacia el altar sabiendo que aquél por quién sentía tanto amor, deseaba a otra mujer. Un drama.

Y, no puedo, ni quiero olvidar, el pasado de ambos, esa infancia que arrastraron en su historia de adultos, creando su propio mapa personal. Por ese motivo he elaborado un perfil de cada uno de ellos. Ahora toca hacer la evaluación de ese perfil, de sus caracteres, aunque primero voy a describiros los elementos de perfil psicológico en que me he centrado y cómo se manifiesta en cada uno de ellos.

Cada vez le doy más importancia a la realización de perfiles. A simple vista puede parecer que conocemos muy bien a las personas que tenemos al lado, pero cuando analizamos el carácter, la perspectiva puede ser distinta.

En el caso que nos ocupa de los príncipes de Gales estoy segura de que usted ya habrá realizado una evaluación teniendo en cuenta los ingredientes que haya ido leyendo en este apartado y las casillas que resumen sus perfiles.

Ciertamente, Diana y Carlos eran muy distintos, pero con un nexo de unión: su necesidad de amor. Una lástima que estuvieran más preocupados de recibirlo que de darlo.

Obviamente, también existieron otros factores. Diana no soportó los celos del amor de su marido por Camila, y su venganza fue la popularidad. Carlos no soportó los celos de que su mujer gozara de más popularidad que él, y su necesidad de admiración lo llevó de vuelta a los brazos de Camila.

Opino que el matrimonio se desintegró más allá de las terceras personas. Nació herido y murió por vanidad y celos.

TRAGEDIA

Premonición de la princesa

La tragedia de Diana se gestó en Althorp, en Londres, en París y allí donde ella fuera, porque sus miedos siempre viajaban con ella. Es posible que muchos de esos temores solo fueran fruto de su imaginación, pero otros estaban basados en evidencias. Muy difícil obviarlos. Voy a tratar de justificar algunos de los miedos que sufría Diana. Lo haré bajo los testimonios de las personas más cercanas a la princesa y también de todas aquellas que los sufrieron simplemente por tener una relación cercana a ella. Cada apartado lo encabezaré con el nombre —o nombres—, de los personajes que dan voz a este capítulo.

Mohamed Al-Fayed y Michael Cole

Hasta que hablé con Mohamed Al-Fayed no tenía ni idea de la angustia personal que sentía Diana sobre su seguridad personal. Había oído hablar de sus miedos, de conspiraciones relacionadas con su muerte, pero nunca había tenido noticias del calvario personal de sentirse tan amenazada. Si sus miedos eran fruto de una paranoia mental —como muchos apuntaban—, o estaban fundamentados en amenazas reales, es el objetivo que deseo esclarecer en este capítulo. Para ello quiero apoyarme en algunas entrevistas y en los testimonios de

Mohamed Al-Fayed con la autora, durante su entrevista en sus oficinas de los almacenes Harrods, en Londres.

Los almacenes Harrods en Brompton Road, Londres, con su iluminación nocturna.(Foto de «lensesdrilling» en Flickr).

profesionales y amigos de la princesa, que declararon ante lord Stevens, jefe de la investigación Paget (nombre que se le dio a la investigación policial de las teorías de la conspiración), y que fue la base de un juicio con jurado que se celebró en el año 2007.

Como bien digo, el primero que me lanzó el órdago de la sospecha fue el padre de Dodi, Mohamed Al-Fayed. Su hijo había fallecido en el mismo *«accidente»* en el que perdió la vida Diana, y había sido una de las últimas personas en hablar con ella. Más aún, había pasado con la princesa una buena parte de su último verano.

Antes de hablar con Mohamed, lo hice con Michael Mann —su jefe de prensa— por teléfono. Después me subí a un avión y viajé hasta Londres (Al-Fayed aún era el propietario de los almacenes Harrods).

Entré en los Harrods por la puerta número diez que conduce directamente a la planta número cinco, donde Al-Fayed tenía un apartamento repleto de recuerdos de su hijo y varias fotos de Diana; algunas recientes y otras que ya tenían sus años. Subí custodiada por Michael Mann y Michael Cole, hombre de confianza de Al-Fayed, con quién también hablaría más tarde. Mohamed no se hizo esperar. Eso me gustó.

Le pregunté y me respondió a muchas cuestiones que no vienen a cuento en este capítulo y de las que ya le hablaré más adelante, y a otras tantas relacionadas con los temores y sospechas de la princesa. Me contestó con total rotundidad: «*Ella me lo dijo: 'Si me pasa algo a mí, puedes estar seguro de que el príncipe Felipe, ayudado por la inteligencia británica, es el culpable'. La inteligencia británica trabajaba mano a mano con la inteligencia francesa. Ambas colaboraban y hacían el trabajo sucio juntas. Si la inteligencia francesa les necesitaba, se ayudaban entre sí. Unían fuerzas...*».

Según continuaba Al-Fayed, durante esas vacaciones de verano, la princesa de Gales le dijo que realmente temía ser asesinada por la familia real, y que ello sucedería probablemente al subir en un helicóptero, un coche o algo así, del que nunca bajaría con vida. También le dijo que se había confiado a Paul Burrell —era su mayordomo y hombre de total confianza—, y que, si algo le sucediera, él tenía su «*cofre del tesoro*», donde había pruebas suficientes que acreditaban todos sus temores. Diana se aseguró de que Al-Fayed entendiera el mensaje, y de que si algo le pasaba se pusiera en contacto con Burrell.

Estas palabras de Diana, dirigidas a Mohamed fueron el germen de todas sus sospechas y el inicio de una investigación privada en la que no escatimó en contratar a los mejores expertos que pudieran arrojar luz ante la sospecha de un posible asesinato. Tres millones seiscientas mil libras esterlinas sacadas de su propio bolsillo, cosecharon informaciones obtenidas de ex agentes de los servicios secretos, declaraciones de testigos, forenses, y peritos, que llenaron más de mil páginas de datos que fueron presentadas formalmente ante el Tribunal del Distrito de Columbia (Estados Unidos), donde se inició un proceso judicial por el que el magnate egipcio solicitaba ejercer el derecho a obtener documentos de las diferentes agencias secretas americanas (Agencia de Inteligencia Central, Agencia de Seguridad Nacional, Agencia de la Inteligencia de Defensa, el Ministerio de Justicia, el Departamento de Estado… y el Servicio Secreto), que venían investigando de forma periódica a Diana y a Dodi.

Según Al-Fayed, todas y cada una de las instituciones que he mencionado estaban presuntamente en posesión de documentos que podían ser relevantes para esclarecer si los temores de la princesa estaban fundamentados en hechos reales. Hechos como su propia muerte y la de su hijo Dodi.

A partir de aquí, todo se enroca. El vía crucis de buscar la verdad adquiere una secuencia que parece ser extraída de una película de misterio. Voy a intentar contarlo sin repetirme en asuntos que leerá pasadas unas páginas, pero la historia, más o menos, es esta: Mohamed, entre otras muchas cosas, quería saber qué le sucedió al antiguo agente del MI6, Richard Tomlinson (él hace una declaración jurada que no tiene desperdicio y que podrá leer en el capítulo siguiente), cuando viajó a EE. UU. con la intención de intervenir en un programa de televisión de la NBC, para narrar todo lo que sabía sobre el accidente de la princesa, y nada más aterrizar en el aeropuerto John F. Kennedy, fue detenido por funcionarios del Gobierno de los EE. UU., según me cuentan, por petición del MI6 y funcionarios del Gobierno británico, acusado de violar la Ley de Secretos.

Aunque, tal vez, lo que más despierta mi atención de las observaciones de Al-Fayed, es su petición de expedientes sobre el rocambolesco asunto de Oswald Le Winter, antiguo miembro del servicio de inteligencia de Estados Unidos. El caso es que Mohamed, en su afán por descubrir qué sucedió realmente la noche del 31 de agosto, y dándole vueltas a las sospechas confesas de la princesa, ofreció 20 millones de dólares a quién le entregara información documentada que pudiera esclarecer lo sucedido. Y aquí entra en escena Le Winter, que fue arrestado por intentar venderle documentos de la Agencia Central de Información acerca de la muerte de Diana y de su hijo, que fueron tildados de falsos.

Le relato lo sucedido, y no, no es el guion de una película.

Unos meses antes del arresto —abril de 1998—, Le Winter se puso en contacto con Mohamed y le dijo que poseía documentos que confirmaban que las muertes no fueron accidentales, sino el producto de un complot de asesinato hábilmente perpetrado por los servicios de inteligencia británicos, bajo la aprobación de Buckingham Palace. Particularmente, se refirió a unos registros de faxes y télex que los servicios secretos británicos habían enviado a los americanos, mediante los que se solicitaba la colaboración de varios agentes experimentados que pudieran manejar la situación del «*accidente*», ofreciendo los americanos a uno de sus hombres de Europa que sería el encargado de facilitar el contacto apropiado para el encargo, a condición de que la agencia americana no debía verse involucrada. Le Winter también le dijo a Al-Fayed que tenía en su poder un documento médico que acreditaba el estado de gestación de la princesa Diana la noche del «*accidente*».

Tal vez porque Mohamed no se fiaba de hallar tan buena fortuna en su búsqueda o, tal vez, porque 20 millones de dólares es un buen cebo para pillos y maleantes, el caso es que el egipcio puso la noticia en conocimiento de las autoridades americanas que, interesada o desinteresadamente, dijeron que protegerían al comprador, o sea, a Al-Fayed.

Las autoridades americanas programaron el depósito de una cantidad de dinero en un banco del distrito de Columbia, de forma que la jurisdicción criminal de la investigación se mantuviera con competencia territorial para permitir actuar a la Oficina de la Abogacía de Estados Unidos, aunque, finalmente, la entrega de los documentos se llevaría a cabo en Viena (Austria), previo pago de 15 millones de dólares en una cuenta de libreta de depósitos, al portador, de un determinado banco austriaco.

El punto de reunión para la entrega de los documentos se fijó en el hotel Embajador de Viena. Fue a las 14 h del día 22 de abril de ese año 1998.

Mohamed no acudió a la cita programada, que en todo momento estuvo bajo la supervisión y vigilancia de las autoridades policiales americanas y austriacas, pero lo hizo su representante legal. Este debía contactar con Le Winter, que acudió con seis agentes del *Mossad* (servicio secreto israelí), como testimonio de que el llamado «*equipo K*», con sede en Ginebra, fue el contacto dado por la agencia americana a la británica en respuesta a su solicitud para el complot del «*accidente*».

Sin embargo, y después de tanta intriga, le digo que la transacción nunca se llevó a cabo porque Oswald Le Winter fue detenido por la policía austriaca y sus documentos fueron incautados. Le Winter cobró, pero no los 20 millones de dólares, sino una condena de cuatro años de prisión impuesta por un tribunal austriaco por tentativa de estafa a Mohamed Al-Fayed.

El tribunal austriaco solicitó formalmente a la Agencia Central de Información estadounidense una certificación de la autenticidad, o no, de los documentos, junto con la presencia del perito que hubiese realizado la pericia, pero el Gobierno de Estados Unidos nunca cumplimentó el requerimiento. Seis meses después de que Le Winter hubiera ingresado en prisión, el Gobierno de Estados Unidos manifestó de forma más simplista que formal, que los documentos no eran auténticos, aunque ningún experto corroboró el motivo.

Visto lo visto, Al-Fayed envió a la Oficina de la Abogacía para el distrito de Columbia, todos los nombres de los implicados en la presunta estafa, pensando que también serían procesados por intento de fraude. Nunca los procesaron.

La condena de una sola persona en lo que parecía una trama organizada de estafa, no acabó de convencer a Mohamed, que empezó a sospechar sobre la posible autenticidad de los documentos sensibles a la muerte de la princesa Diana y de su hijo. Fue entonces cuando solicitó a la Agencia Nacional de Seguridad la desclasificación de los documentos, pero recibió la negativa a desvelar cualquier información interna. Otra puerta cerrada.

Llegó el turno de cambiar de estrategia. Mohamed se dirigió entonces al senador Jorge Mitchell y le contó sus sospechas. Otro portazo. Sin embargo, ese golpe no fue tan duro porque si bien el senador hizo mutis por el foro, su secretario personal, Robert Tyrer se ofreció para repasar los registros de información secretos de las agencias de inteligencia. Según la información que Tyrer obtuvo, Henri Paul, el chófer que conducía el Mercedes en el que Diana y Dodi perdieron la vida, pasó las últimas horas antes del accidente con un oficial de seguridad del servicio de inteligencia francés. Y esta información coincide plenamente con la declaración de Tomlinson —ya la leerá en un momento—, entre lo que viene a decir que el chófer y jefe de seguridad del Ritz de París (propiedad de Mohamed Al-Fayed) estaba a sueldo del servicio secreto británico.

Pues bien, como dije al principio, esta es la semilla que despierta mi interés para intentar descubrir, con testimonios, si las sospechas que tenía la princesa sobre un posible atentado a su persona tienen una base sólida, o carece de ella.

Aunque he comenzado por el testimonio de Mohamed Al-Fayed, que es el que me da las primeras noticias con fundamento sobre posibles irregularidades, voy a intentar desgranar los miedos de Diana desde sus comienzos con la intención de ir descubriéndolos uno a uno a media que se iban produciendo en su vida.

Barry Mannakee
- -

El primero de ellos sucedió en el año 1987 y el hecho se conoce porque lo dejó grabado en unas cintas de video que se hicieron públicas en 1992, a través del canal de televisión NBC.

Diana se había enamorado de uno de sus guardaespaldas, el sargento Barry Mannakee. Barry era catorce años mayor que ella, estaba casado y tenía dos hijos. Sin embargo, en las cintas, Diana confiesa que estuvo dispuesta a *«dejarlo todo para irse a vivir con él»*.

Manakee murió en un sospechoso accidente de tráfico al caer de una moto en la que viajaba con otro compañero, tras chocar con un automóvil (fue el único fallecido en el accidente). *«Nunca debí haber jugado con fuego... Fue el mayor golpe de mi vida, pero lo hice, y me quemé...»*, dice la princesa en las cintas, y añade: *«La relación se había vuelto difícil... mucha gente estaba celosa... Todo fue descubierto y se le tiraron encima. Fue asesinado. Él era el mejor amigo que he tenido».*

Por lo pronto, en una cosa sí tenía razón Diana, su relación con Mannakee llegó a oídos de toda la monarquía, incluido su marido, y Barry fue trasladado por su superior al cuerpo de protección diplomática para apartarle de la princesa. Ocho meses después, murió.

Esa misma noche, los príncipes de Gales llegaron a Cannes, invitados al festival de cine. Antes de entrar, Carlos, le dio la noticia del fallecimiento. Imagino que enterado como estaba de la relación que Mannakee mantenía con su esposa, no debió de ser, lo que se dice, muy sutil en su mensaje. En las mencionadas cintas, Diana recuerda lo difícil que fue para ella no llorar en ese momento.

Ese hecho marcó los futuros miedos de Diana.

Operación Paget. Esa investigación llevada a juicio en 2007, tomó como prueba las cintas grabadas por

Barry Mannakee con la princesa Diana en una visita a Aberdeen en octubre de 1983.

Diana, y completó el informe con una revisión exhaustiva de lo que llamaron «el incidente en el cual Barry Mannakee murió». La revisión incluía volver a visitar a los testigos y examinar de nuevo toda la documentación disponible de la investigación inicial del proceso legal que se llevó a cabo en su momento.

Los nuevos datos obtenidos fueron evaluados por un comité independiente y la conclusión del estudio fue que hubo un fallo en la investigación inicial que identificó incorrectamente el punto de impacto. Ese descubrimiento alteraba en pequeña medida la interpretación del incidente en lo que se refiere a los tiempos de reacción del conductor. Sin embargo, la conclusión final siguió siendo la misma, y en el nuevo informe se decía que la muerte de Manakee no se produjo por una acción deliberada. Punto.

James Hewitt

El siguiente asunto sucedió en 1990 y tuvo como protagonista a James Hewitt, miembro de la Guardia Real, y el amante que Diana confesó tener en la entrevista que concedió al programa de televisión Panorama, una intervención que la reina calificó de *«espectáculo horroroso y devastador para la monarquía».*

Artículo de prensa sobre la relación de James Hewitt con la princesa Diana.

Hewitt estaba convencido de que su relación con Diana fue ampliamente conocida entre la policía, los servicios de seguridad, la casa real y el Gobierno. Su relación con la princesa comenzó en 1986 y finalizó en 1991. Durante todo este tiempo, Hewitt dio detalles de las advertencias y amenazas que había recibido. Las *«advertencias»* comenzaron a ser más periódicas a partir de 1989. Fue George Milford-Haven, persona cercana a la casa real, el primero en pronunciarse. Hewitt consideraba a Milford un amigo, pero no estaba seguro de la ambigüedad de sus palabras: «*Debes ser muy cuidadoso en tu relación con la princesa de Gales*». Por

La autora con James Hewitt.

un lado, podrían ser las advertencias de un íntimo avisándole de que no sobrepasara los límites, y por otro, Hewitt tenía la sospecha de que el amigo no era tal y estaba actuando bajo la instrucción de la casa real. Hewitt pensaba que, tal vez, ellos sentían que la relación estaba durando demasiado tiempo y lo mejor era ponerle fin. Desde ese momento, empezó a recibir llamadas de voz masculina que le decían: «No vuelvas a ver a la princesa Diana». Ese fue el momento en el que Hewitt se lo contó a la princesa. Fue entonces cuando ella le manifestó lo mucho que le preocupaba su seguridad, y le explicó sus sentimientos acerca de la muerte de Barry Mannakee a quien pensaba que habían matado deliberadamente debido a su relación con él.

El 11 de septiembre de 2004, el Daily Mail, publicó un reportaje en el que hablaba de las amenazas que Hewitt había recibido durante el tiempo que había durado su relación con la princesa de Gales, y añadió a los mensajes de advertencias el nombre de Mannakee: *«No vuelvas a ver a la princesa de Gales o sufrirás el mismo destino de Barry Mannakee»*. El caso es que la relación de la pareja se extinguió en 1991, amenazas incluidas.

Aquí volvemos a percibir la angustia de Diana que con mayor o menor lógica volvía a sentirse amenazada. También quiero pensar en la otra parte. Me explico. Si el romance de Diana y Hewitt se hacía público por la prensa, hubiera sido todo un escándalo en un momento en que al matrimonio aún se les veía unidos como en el cuento, aunque esta unión fuera pura hipocresía, y solo manifestada de puertas para afuera. Dicho de otra manera, una buena interpretación teatral.

Peter Settelen

Y llega el asunto de las cintas de video. A Diana le provocaba pavor tener que hablar en público y para mejorar su dicción contrató al actor Peter Settelen. Estamos en 1992. Settelen le dijo a la princesa que para que fuera viendo sus progresos, pensaba Artículo de

Peter Settelen en el papel de Mr. Wickham en una producción de Orgullo y Prejuicio de 1980.

prensa sobre la relación de James Hewitt con la princesa Diana. grabar en cintas de video las sesiones (de unos 45 minutos cada una). Diana estuvo de acuerdo. Durante un período de catorce meses se grabaron un total de veinte cintas, desde septiembre de 1992, hasta diciembre de 1994. Curiosamente 14 de ellas se perdieron. En las cintas Diana hablaba de su vida personal. Este dato lo menciono con gran sorpresa. A ver. Una mujer con tantos miedos, y que se atreve a grabar en video temas tan personales como la relación con su marido, con la familia real, su bulimia, sus infidelidades... Esas intimidades se parecen más a confesiones de diván hechas a un psiquiatra bajo el más estricto secreto médico que a las clases con un actor que tenía como única misión enseñarle a dar discursos. A mí me choca. En fin, el hecho es que Diana también dejó constancia de sus miedos y se reiteró en la convicción de que a Mannakee lo asesinaron.

Ese mismo año, la princesa de Gales redacta su testamento y en él deja claro que si fallece ella antes que su marido, desea que en la educación de sus hijos intervenga su madre y su hermano. Este testamento, sus voluntades, me presenta serios interrogantes (algunos de ellos los trato en otros capítulos). El original en inglés firmado por la princesa lo encontrará anexado en el capítulo «*Y más*», y su traducción en un recuadro de este mismo capítulo. El que guarda relación a estas «sospechas» se basa en el original que ella redactó en el año 1993, y que constaba de seis páginas, y el que se hizo público en el mes de marzo de 1998 tiene más de treinta páginas. Me cuentan que esas páginas de más se introdujeron con el consentimiento de sus ejecutores

(Frances Shand Kydd y Sarah McCorquodale, madre y hermana de Diana), con la intención de concretar asuntos como los derechos de la propiedad intelectual de todos sus bienes, los derechos morales en la utilización de su nombre, su imagen... y a quién debían repercutir sus beneficios. Desconozco si hacer añadidos a un testamento en Inglaterra es una práctica habitual, incluso legal, pero en la mayoría de países, incluido España, eso es del todo inaceptable. Yo lo veo así: como se intuye que la imagen y el nombre de la princesa continuará siendo provechoso, se dispone una forma de reparto equitativa para aprovechar el tirón que seguirá teniendo su persona después de muerta. Me da grima solo el escribirlo.

Con todo, es posible que esas páginas que se han añadido al testamento sean una adenda al mismo que escriben los herederos para dejar claro cómo se reparten la parte de la herencia que no contempla el mismo. Eso sí sería legal, aunque continúa dándome grima.

TESTAMENTO DE DIANA COMPLETO

«Yo, Diana, Princesa de Gales del palacio de Kensington, Londres W8, por la presente revoco todos los anteriores testamentos y disposiciones testamentarias hechas por mí y declaro que este es mi último testamento, que hago el primer día de junio de 1993.

1   Nombro a mi madre La Honorable Señora Frances Ruth Shand Kydd, de Callinesh, isla de Seil, Oban, Escocia, y al comandante Patrick Desmond Christian Jermy Jephson, del

palacio de St. James, Londres SW1, como albaceas y fideicomisarios de este mi testamento.

2   Deseo ser enterrada

3   Si alguno de mis hijos fuera menor de edad en el momento
de mi muerte o la de mi marido, nombro a mi madre y a mi hermano el conde Spencer tutores de ese hijo, y expreso el deseo de que si muriera antes que mi marido, él consultará a mi madre en relación con la educación y bienestar de nuestros hijos.

4. (a) Doy a mis albaceas, conjuntamente, todos mis bienes personales, libres del pago del impuesto de sucesiones (siempre que uno de ellos lo aceptara).

(b) Deseo

(i) Que lleven a efecto tan pronto como sea posible, y no más tarde de dos años después de mi muerte, cualquier escrito o nota con mis deseos en relación con cualquiera de mis bienes.

(ii) De acuerdo con dichos deseos, quiero que administren mis bienes (o el balance de los mismos) de acuerdo con la Cláusula 5 de este mi testamento.

(c) De acuerdo con esta cláusula «*bienes*» tendrá el mismo sentido que recibe la expresión «bienes personales» en el Decreto 1925 de la Administración del Patrimonio (incluyendo cualquiera de los coches que pudiera tener en el momento de mi muerte).

(d) DECLARO que todos los gastos en los que se incurra para la guardia, custodia y seguro, con anterioridad a cumplir mis deseos, ya sean de embalaje, transporte, seguros o envío a los respectivos destinatarios de los bienes particulares, deben ser pagados con el patrimonio residual.

5. En relación con la liquidación de los gastos de mi funeral, gastos de testamentaría, administrativos, deudas y otros pasivos, doy a mis albaceas y fideicomisarios todas mis propiedades inmobiliarias y activos de cualquier tipo, dondequiera que estén, para que cualquiera de ellos mantenga (si lo consideran conveniente sin ser responsables de su pérdida) todo o parte en el mismo estado en el que se encontraba en el momento de mi muerte, o para vender cualquier cosa en el momento que ellos decidan con total capacidad, o cuando ellos consideren adecuado invertir los fondos fideicomisarios, y para variar las inversiones de

acuerdo con los poderes contenidos en el apéndice de este mi testamento. Y mantener el mismo fideicomiso para mis dos hijos el Príncipe William y el Príncipe Henry siempre que ambos vivan tres meses después de mi muerte y lleguen a la edad de veinticinco años en partes iguales. A condición de que, si uno de mis hijos muriera antes que yo o en los tres meses siguientes a mi muerte, y un hijo de este fuera vivo y hubiera alcanzado la edad de veintiún años, este percibiría la parte proporcional que le correspondería a su padre, o si fueran más de uno, también recibirían esa misma parte proporcional, pero no lo recibirán si su padre tiene capacidad para beneficiarse de ello.

6. Mis albaceas y fideicomisarios tendrán los siguientes poderes, además de otros poderes sobre cualquier parte del fondo de fideicomiso.

(a) PODER bajo el Acta de Fideicomiso 1925 sección 31 para utilizar las rentas para la pensión alimenticia y para acumular el superávit, pero siendo sustituidas las palabras *«mis Fideicomisarios consideren oportuno»* en la sub-sección (1) (i) de la misma, por las palabras «pueda ser razonable en todas las circunstancias» y si la condición al final de la sub-sección (1) fuera omitida.

(b) PODER bajo el Acta de Fideicomiso 1925 sección 32 para pagar o utilizar capital por adelantado para el beneficio personal del fiduciario, pero considerando la condición (a) de la sub-sección (1) de la misma que expone que «*ningún pago ni uso será llevado a cabo por nadie cuando este pago exceda en cantidad el conjunto de la presunta parte o interés personal de ese fiduciario; también se podrá producir ese adelanto del fondo para conseguir un beneficio personal del fiduciario y siempre en tal forma que eso no conlleve la dilación en la posesión del fondo*».

7. Las reglas estatutarias y equitativas de reparto no se aplicarán a mi testamento y todos los dividendos y otros pagos de naturaleza de ingreso recibidos por los fideicomisarios serán tratados como ingresos en la fecha de recepción, con independencia del período para el cual el dividendo u otro ingreso sea pagable.

8. Es mi deseo (pero sin ponerles bajo ninguna obligación vinculante) que mis albaceas se sirvan del despacho de Mishcon de Reya, 21 Southampton Row, Londres WC1B 5HS, para conseguir el certificado de albaceas y administrar mi herencia.

9. Cualquier persona que no viva al menos tres meses más que yo se considerará que ha muerto antes que yo, con el propósito de establecer la devolución de mi herencia y los ingresos de la misma.

10. Si en cualquier momento un albacea o fideicomisario es un profesional o empresario, pueden generarse honorarios de manera ordinaria por cualquier trabajo hecho por esta persona o su empresa, o cualquier compañero o empleado.

Apéndice:
Mis albaceas y fideicomisarios (más adelante
nombrados como «*mis fideicomisarios*»), junto con
todos los poderes otorgados a ellos por ley, o como
resultado de los términos de este mi testamento,
tendrán los siguientes poderes
1. (a) PARA los propósitos de cualquier distribución
de la Cláusula 5 podrán utilizar todo o alguna parte de
mis activos residuales sin necesidad de
consentimiento por parte de nadie.
(b) CON el fin de poner un valor a cualquiera de estos
bienes personales que hayan usado, pueden utilizar el
valor que hayan podido dar los tasadores a los que los
albaceas instruyeron para los propósitos del Impuesto
de Sucesiones a mi muerte, u otro valor que ellos
pudieran considerar como justo en su absoluta
discreción. Y mis albaceas, respecto a mis bienes
personales, siendo estos artículos de interés nacional
histórico, científico o artístico pondrán tal valor
menor respecto a la parte del residual adecuada, así
como ellos consideren justo en su absoluta discreción,
después de tener en cuenta los hechos y circunstancias
concurrentes que ellos consideren oportunos,
incluyendo el hecho de que el Impuesto de
Sucesiones, para el cual se obtuvo una exención
condicional, podría ser pagadero por el beneficiario
en caso de que hubiera un subsecuente evento
impositivo.
(c) ASEGURAR cualquier riesgo o importe
(incluyendo cualquier coste futuro de inflación,
edificación y gastos) o cualquier bien que esté en
posesión de mis albaceas, y que las primas de seguros

puedan ser pagadas con los intereses que produzca el patrimonio o con el capital, o con ambos parcialmente, según determinen mis fideicomisarios con absoluta discreción. Cualquier dinero del seguro que no se use en restauración o sustitución del bien dañado o perdido será tratado como el resultado de la venta del bien asegurado a condición de que en ningún momento mis albaceas y fideicomisarios sean responsables por una pérdida o fallo por haberlo hecho de esa manera.

2. (a) PODER para invertir fondos del fideicomiso tanto en activos que producen rentas como en los que no las producen, de cualquier tipo y donde estén situados, y para modificar las inversiones de forma total y no restringida en todos los ámbitos, estando completamente autorizados a ello.

(b) PODER para mantener o adquirir como inversión autorizada cualquier propiedad vitalicia o limitada o cualquier interés o parte del interés, de cualquier naturaleza, y en cualquier proporción o cantidad, como una residencia para uno o más beneficiarios bajo este mi testamento, y en el caso de dicha retención o compra, mis fideicomisarios tendrán poder para mejorar o reparar un edificio en propiedad o arrendamiento. Y mis fideicomisarios tendrán poder para decidir (de acuerdo con las circunstancias generales) los términos y condiciones, en todos los ámbitos, en los cuales tal o tales personas puedan ocupar y residir en dicha propiedad (o beneficiarse de dicho interés o parte).

(c) PODER para delegar el ejercicio de su poder para invertir los fondos (incluyendo ponerlos en depósitos pendientes de inversión) y para variar inversiones a otra compañía u otra persona o personas, estando o no incluido uno o más de mis fideicomisarios, y para permitir cualquier inversión u otro recurso que tenga lugar en nombre o nombres de dicha o dichas personas nombradas por mis fideicomisarios, y decidir los términos y condiciones en todos los ámbitos, incluyendo el período del mismo y la comisión, o cualquier otra remuneración a pagar por eso, cuya comisión o remuneración será pagada

con parte del capital e ingresos de esa parte del Fondo de Fideicomiso que ellos están administrando. Y declaro que mis fideicomisarios no serán responsables de ninguna pérdida que se produzca por los actos u omisión de ellos, que ninguna persona en la que hubieran delegado cometiera, amparados en esta Cláusula.

(d) PODER para conservar y comprar bienes de cualquier tipo bajo los términos que tengan los mismos en virtud de las provisiones de este mi testamento. Y con respecto a esto tendrán los siguientes poderes

(i) conservar los bienes en cuestión bajo control y custodia conjunta, o bajo la de uno de ellos, o almacenar el mismo (en un depósito, almacén o cualquier otro sitio).

(ii) Prestar todos o alguno de los bienes a persona o personas (incluyendo galerías o museos) en los términos y condiciones que mis fideicomisarios determinen.

(iii) Ordenar que se hagan inventarios.

(iv) Tomar todas las medidas para su custodia y segura reparación y uso, así como tener consideración por las circunstancias que mis fideicomisarios consideren oportunas de tiempo en tiempo.

(v) Vender los bienes o alguno de ellos.

(vi). Tratar cualquier dinero recibido como resultado de cualquier seguro que no se use para reemplazarlo o repararlo, siguiendo el procedimiento cuando se vende un bien o inmueble asegurado.

(e) PODER, en caso de que alguno de los bienes de los cuales una persona de capacidad y mayor de edad tenga derecho a utilizar, pero cuando el interés de esa persona sea menor que un interés absoluto.

(i) Para ordenar que se haga un inventario de dichos bienes por duplicado, firmado por ambas partes y que cada parte se quede con una copia y que las partes lo modifiquen y revisen cuando acuerden.

(ii) Poder para requerir al beneficiario que cubra el seguro, custodia y reparación de los bienes con cargo a sus capacidades económicas, y que todo se haga según las condiciones que imponga el fideicomisario, siguiendo los acuerdos referidos en el párrafo (iv) subclase (d) de esta Cláusula.

A CONDICIÓN DE QUE mis fideicomisarios tendrán también poder para incurrir en cualquier gasto en el ejercicio de sus poderes respecto a los bienes que revertirán sobre el capital o bienes del patrimonio, según ellos determinen con absoluta discreción. Y, además, declaro que (vi). Tratar cualquier dinero recibido como resultado de cualquier seguro que no se use para reemplazarlo o repararlo, siguiendo el procedimiento cuando se vende un bien o inmueble asegurado.

En virtud de lo cual firmo aquí de puño y letra en el día y año escritos arriba.

Firmado por su Alteza Real en nuestra presencia y por nosotros en su presencia»

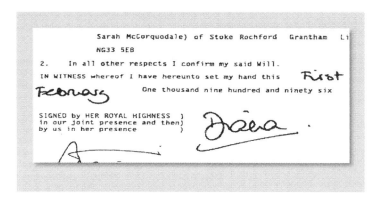

Diana redacta su testamento en 1993, justo cuando retira voluntariamente su protección personal y sus miedos se agudizan. La princesa sabía que el verdadero poder lo tenía ella, el mediático, y en el momento en que fue consciente de ello vivió angustiada por las repercusiones que esto podría tener, incluso temiendo por su vida. Aunque en el testamento no se habla de cifras concretas —obviamente, uno no sabe la fecha de su muerte y, por tanto, desconoce el activo exacto que tendrá cuando esto suceda—, le digo que cuando murió Diana su patrimonio era de 35,6 millones de dólares, que, deduciendo los impuestos, rondaría los 21,3 millones de dólares —la mayor parte de su dinero proviene del divorcio con el príncipe Carlos, que se estima en 28 millones de dólares—, que serán conservados en fideicomiso, en partes iguales, para sus dos hijos: el príncipe Guillermo y el príncipe Enrique, que lo heredaron al cumplir los 25 años (Guillermo los cumplió en el año 2007 y Enrique en 2009).

Sin embargo, lo más entrañable de este testamento, es la preocupación de Diana como madre, la protección que deseaba para sus retoños. La princesa escribió en su testamento que todo cuanto ella tuviera en el momento de su muerte pasara a sus hijos a partes iguales, y sin hacer distinción ninguna entre ellos. También tuvo muy presente la educación de sus hijos. Diana quería alejarlos, en la medida de lo posible, del rancio protocolo de la corte. Ella sabía que sus hijos, sobre todo, Guillermo, debían ser preparados para 143 reinar algún día, pero también quería que disfrutaran la vida, que aprendieran a ser rey y príncipe, pero también personas con inquietudes hacia los demás. Diana quería que asumieran sus responsabilidades monárquicas pero que también se divirtieran. Por eso, en sus últimas voluntades, la princesa dejó por escrito que todo aquello que se refiriera a la educación de sus hijos precisará de ser compartido con un miembro de su familia, además de su padre. Como así aparentemente ha sido.

Simone Simmons

Simone Simmons, terapeuta y confidente de Diana, es la mujer que más intimidades escuchó de la boca de la princesa. Simone fue interrogada cuatro veces por los investigadores de Scotland Yard para la elaboración del informe Paget. Su testimonio tocó muchos puntos sobre las amenazas que sufrió la princesa, y varias de ellas con nombres y apellidos: «*Diana de Gales recibió, seis meses antes del accidente en que perdieron la vida la princesa, su novio, Dodi Al-Fayed, y el chófer, amenazas de muerte*», contaba Simmons a los investigadores.

Simmons explicó que, en 1997, durante una de sus sesiones mantenidas con la princesa, que ella recibió una llamada telefónica. Diana le acercó el auricular para que Simmons también escuchara al interlocutor. Según las palabras de la terapeuta ante los investigadores, la llamada era de Nicholas Soames, político del partido conservador británico, miembro del Parlamento, y desde 1970, asistente personal del príncipe de Gales. En la llamada, siempre según la declaración de Simmons, Soames amenazaba a Diana con estas palabras: «*No te metas en cosas de las que no sabes nada, porque sabes, los accidentes pueden ocurrir*». Esto sucedería inmediatamente a su regreso de Angola, donde la princesa apareció en diferentes medios de comunicación fotografiada y haciendo un llamamiento contra las minas anti-persona.

Simmons también declaró ante el jefe de la investigación que Diana se sentía amenazada constantemente, y apuntó que la princesa le había enseñado unas cartas en las que el duque Felipe de Edimburgo le escribía a la princesa en el momento previo a su separación, y que, en estas, el duque la llamaba «*una ramera*». Simmons añadió que esas cartas las guardaba Diana bajo llave, en un cofre que ella misma denominaba «*Las joyas de la Corona*» (el mismo que Diana le refirió a Al-Fayed), y que contenía todo tipo de documentos e información.

Ante estas declaraciones de la terapeuta de Diana, Buckingham Palace, y el mismo duque de Edimburgo, emitieron sendas declaraciones. El duque negaba que él hubiera insultado a Diana, aunque confirmaba que sí había escrito a su nuera en varias ocasiones, siempre desde una perspectiva amistosa de resolver fricciones familiares. Sin embargo, Simmons se mostró tajante en su declaración, y aseguró que la princesa le mostró las cartas y que recordaba con precisión el día y la manera en que lo hizo. Primero le mostró el cofre y le explicó el significado de su contenido, después lo abrió con la llave y extrajo varias cartas manuscritas. Algunas de ellas eran de la princesa Margarita. Diana se las dejó leer y pudo ver que su contenido era básicamente palabras de ánimo. Las otras cartas eran del duque de Edimburgo y le resultaron repugnantes por el tono empleado. El duque se defendió diciendo que él no había enviado ninguna carta manuscrita, todas habían sido escritas a máquina. La terapeuta insistió y añadió que los papeles que le mostró Diana estaban escritos a mano y sobre un papel de color crema de tamaño A5. Simmons también dijo que el texto era corto, conciso y directo, así como la despedida «*Philip*». Por su parte, el duque también insistió en que las cartas las había escrito a máquina y utilizó papel de color blanco y de tamaño A4, puntualizando que sus cartas hacia la princesa no eran cortas y que las despedía añadiendo «*con el amor de Pa*».

Y digo yo, con lo fácil que hubiera sido aportar una sola carta que demostrara cualquiera de las versiones. Cartas que, por otro lado, también tuvieron respuestas por parte de Diana. Así que ambas partes pudieron haber demostrado lo que decían. Pues no. Fácil parece ser que no era nada. Por una parte, la de Simmons, las cartas que Diana le mostró las había vuelto a guardar en su cofre, 145 y como ya sabemos —se lo dijo a Al-Fayed—, el cofre se lo dio a su mayordomo Paul Burrell, y a este le habían robado —creo— la mayor parte de la documentación que contenía «*las joyas de la Corona*». Y las copias que el duque guardaba de sus propias cartas y las respuestas de la princesa, según su declaración, las tenía a buen resguardo y no estaba dispuesto a mostrarlas porque, insiste, en que su contenido es privado. En fin. La cuestión es que Simmons defiende que la princesa vivía realmente atemorizada y que durante años se sintió vigilada en todo momento por los servicios de Inteligencia. Al regresar de su viaje de Angola, la princesa le comentó que estaba segura que con sus declaraciones se había convertido en un personaje incómodo para el establishment británico que no estaba de acuerdo con su papel en la defensa de esos derechos. Es posible que Diana no calibrara bien algunas de las consecuencias de sus acciones.

Grahame Harding

En 1994, ya separada de su marido —aunque no divorciada—, Diana estaba plenamente convencida de que la vigilaban constantemente, incluso presentía que sus conversaciones telefónicas habían dejado de ser privadas. Para confirmar sus sospechas, la princesa solicitó los servicios de Grahame Harding, dueño de una empresa de electrónica y seguridad, que también fue llamado a declarar por lord Stevens para el Paget. Diana le explicó a Harding que estaba segura de ser objeto de espionaje, y que creía que estaban escuchando sus conversaciones telefónicas. Al día siguiente, Harding llegó con su equipo, sin esconder el objetivo por el que lo habían contratado, e hizo un barrido de dispositivos y escuchas en el apartamento de Kensington. Durante la búsqueda su equipo detectó un posible micrófono oculto tras una pared del dormitorio de la princesa, justo en una estancia a la que no podía acceder porque pertenecía al apartamento contiguo. No se podía hacer nada para eliminarlo. Dos días más tarde, Harding volvió al apartamento y la señal había desaparecido. En cuanto a las llamadas telefónicas, el especialista le aconsejó a Diana que no hablara desde el teléfono fijo y que cambiara su teléfono móvil a menudo. Llegó a cambiarlos hasta cada tres semanas.

Lord Mishcon

Una mañana (1995), Diana salió de Kensington conduciendo su propio coche, como hacía muchas veces. A mitad de camino la princesa aseguró que su coche no frenaba. Diana acudió asustada al despacho de lord Mishcon (ahora fallecido), su representante legal, y le dijo que los frenos de su coche habían fallado como resultado de una posible manipulación. Diana le explicó a Mishcon el temor que sentía a diario por su seguridad, incluyendo la posibilidad de que le provocaran un accidente con su coche.

Lord Mishcon anotó todos los argumentos de Diana y redactó un informe que recogía todas las sospechas. En el documento, el abogado escribió que la princesa le había dicho que fuentes confiables de las que no quería dar nombre, le habían informado de que se desharían de ella, o bien la dejarían tan dañada como para ser declarada inválida o desequilibrada. Esto lo harían ya fuera en un accidente de coche, como un fallo en los frenos, o por otros medios. También anotó que Diana creía que había una conspiración para matarla.

Mishcon le dijo a Diana que si realmente creía que su vida estaba bajo amenaza debía aumentar las medidas de seguridad, incluyendo las relativas a su coche.

Al asesor jurídico le pareció tan alarmante lo que Diana le contó que buscó la forma de hablar en privado con Patrick Jephson, el secretario privado de la princesa. Para su sorpresa, lejos de estar preocupado, Jephson le respondió que se creyera la mitad de lo que Diana le había contado con respecto a su seguridad. Así que el documento quedó firmado, sellado y guardado en un cajón hasta el 18 de septiembre de 1997, a raíz de la muerte de la princesa de Gales en París. Mishcon se reunió entonces con el comisionado sir Paul Condon (ahora lord), y con el auxiliar David Veness (ahora sir), en Scotland Yard, y entregó la nota. Allí se dio lectura del documento y se adjuntó otro escrito en el que Mishcon aseguraba que estaba actuando a título privado, y no en nombre de ninguna empresa o la familia real.

El documento (los documentos) se archivó y fue tenido en cuenta en la Operación Paget.

Roberto Devorik

Diana colaboraba con su amigo Roberto Devorik (experto en moda) en diferentes organizaciones benéficas. Devorik les dijo a los investigadores de Scotland Yard que viajaba mucho con la princesa, y que muchos de los vuelos que hacían eran de largo recorrido, lo que les daba muchas ocasiones para hablar.

Devorik recordaba muchas conversaciones en las que Diana le habló con cierto detalle de su vida privada. En una estancia que ambos hicieron en Buenos Aires, Diana

185

habló con el príncipe Guillermo por teléfono y al colgar se dirigió a Devorik con estas palabras: *«Sé que después de esto me van a matar»*, en relación a la entrevista que Martin Bashir le hizo en el programa Panorama. Devorik aseguró que la princesa estaba muy preocupada por su seguridad, y él le preguntó si se refería al príncipe de Gales. Ella le respondió que no: *«No. Estoy segura de que el príncipe Felipe está involucrado con los servicios de seguridad. Después de esto van a deshacerse de mi»*.

En otra ocasión, en agosto de 1996, un día después de que Diana perdiera su título de S.A.R. (28 de agosto de 1996), ambos aguardaban en la sala VIP del aeropuerto de Londres. Antes de salir su vuelo a Roma, la princesa se quedó mirando un retrato que había colgado en la pared del príncipe Felipe y dijo: *«Realmente me odia, le gustaría verme desaparecer. Él me culpa de todo»*.

Durante ese mismo vuelo, justo al despegar, miró a Devorik y respirando profundamente le comentó: *«Bueno, crucemos los dedos. En cualquier momento me va a estallar»*. Devorik le dijo si realmente pensaba eso, y respondió a su pregunta: *«Sí. En un helicóptero, un coche o algo así»*. Entonces su amigo le preguntó por qué creía eso y cínicamente le contestó: *«Roberto, eres tan ingenuo, ¿no ves que primero me han quitado el título y ahora se quedarán lentamente con mis hijos? Ya no quieren entenderme. Soy una amenaza en sus ojos. Únicamente me utilizan cuando me necesitan para temas oficiales y luego me tiran nuevamente en la oscuridad. No me matarán envenenada, ni en un avión grande donde otros se lastimen. Lo harán cuando esté en una avioneta, en un coche, en un helicóptero. Cuando únicamente me siento segura es en EE. UU. Todo el mundo en América me gusta».* Devorik continuó declarando que la princesa no quería guardaespaldas porque creía que si lo iban a hacer, igualmente lo harían. Como caso curioso, el amigo de Diana recordó una ocasión en la que una actriz conocida quiso que él hiciera de intermediario para que los dos fueran a verla actuar en «*María, reina de Escocia*». Diana declinó la invitación diciendo: «*Conozco el final y voy a terminar como María I de Escocia. Soy un inconveniente para ellos*» (marzo 1996).

Al final de su interrogatorio, Devorik mencionó un episodio que ocurrió antes del verano de 1997, cuando Diana lo llamó alarmada diciendo que acababa de salir del palacio de Kensington en su coche y que la estaban siguiendo. Concretamente, le dijo: «*Alguien quiere hacerme daño. Me están siguiendo y estoy segura de que no es la policía*». Desconozco cómo terminó el episodio porque Devorik no lo cuenta.

Hasnat Khan

Estoy convencida que de todas las personas que he mencionado hasta ahora, la que tuvo más intimidad con Diana y la más importante para ella fue, sin duda, el cardiólogo pakistaní Hasnat Khan. La princesa vivió con él una relación estable que estuvo más cerca del matrimonio de lo que yo había imaginado antes de indagar sobre su noviazgo. Y cuando digo estable no me refiero a que estuviera exenta de tensiones, pues las hubo. Por ejemplo, para Khan, manejar la enorme expectación mediática que rodeaba a Diana le resultaba insoportable. Su profesión de cirujano del corazón requería tranquilidad. Él llevaba una vida ordenada y tranquila antes de que la princesa entrara en su vida. Por parte de Diana, el hecho de que su novio fuera pakistaní disgusto mucho a su madre y, según Khan, la relación entre ellas se extinguió.

Obviamente, Hasnat fue interrogado para el informe Paget, donde tuvo que hablar de su relación y de los miedos de su novia. Hasnat dijo que estuvieron a punto de casarse. Un día de diciembre de 1996, Diana llamó a Paul Burrell para preguntarle si existía alguna forma de que ella pudiera casarse con Hasnat legalmente y en secreto.

Esa misma tarde, Burrell se puso en contacto con el padre Anthony Parsons (sacerdote Carmelita) que era su

El doctor Hasnat Khan en una entrevista concedida al Daily Mail.

amigo, y le invitó a cenar en su casa. Durante el transcurso de la cena, Burrell le preguntó: «*¿Es posible que un musulmán se case con un católico en una iglesia católica?*». El padre Parsons le respondió que no estaba seguro, pero que podía consultarlo con los poderes fácticos. Fue entonces cuando Burrell le dijo a Parsons que detrás de esa pregunta se encontraba la princesa de Gales, y le agradeció de antemano su discreción.

Parsons expuso la petición a sus hermanos carmelitas omitiendo en todo momento, tal y como se comprometió con Burrell, el nombre de Diana, y llegaron a la conclusión de que se debía solicitar el permiso formalmente. Al parecer, se llegaron a iniciar algunos trámites, pero luego llegó la ruptura del noviazgo y la muerte de la princesa.

Hasnat también declaró que durante su relación con la princesa recibió una gran cantidad de amenazas anónimas, algunas de ellas claramente de carácter racista. Eso ocasionó mucho estrés para él, aunque no informó a nadie, ni hizo nada al respecto. Únicamente se lo dijo —y no siempre que ocurría—, a Diana. Él sabía que la princesa trabajó muy duro para protegerlo siempre, y sufría mucho ante las amenazas.

Cuando los investigadores le preguntaron a Hasnat si se sentía vigilado, él se limitó a responder que «*sería muy ingenuo pensar que el MI5 y el MI6, no estuvieran interesados por él debido a su relación con la princesa de Gales*».

Paul Burrell

Ese mismo año 1996, Paul Burrell dio a conocer una carta escrita por la princesa en el mes de octubre (se publicó en el *Daily Mirror*), y que le entregó personalmente para su custodia. Esta carta no se contempló en las primeras investigaciones (francesa e inglesa), que hubo sobre la muerte de Diana, hasta la realizada para el juicio del año 2007 en que fue aceptada e incluida dentro del informe de investigación.

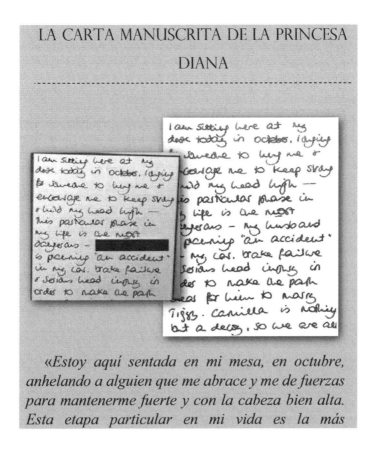

LA CARTA MANUSCRITA DE LA PRINCESA DIANA

«Estoy aquí sentada en mi mesa, en octubre, anhelando a alguien que me abrace y me de fuerzas para mantenerme fuerte y con la cabeza bien alta. Esta etapa particular en mi vida es la más

> *peligrosa... mi marido está planeando «un accidente con mi coche. Una avería en los frenos y graves heridas en la cabeza, para así dejar el camino libre para que Carlos se case».*

Aquí adjunto la carta manuscrita de Diana publicada por el *Daily Mirror*, en la que indican que el nombre de la persona citada en el original lo han suprimido; la transcripción que yo hago en el recuadro en la que sí podrá leer el nombre, ya que se aportó como prueba documental. Resulta alarmante:

Durante el juicio se puso en duda la autenticidad de la carta, pero, sea como fuere, esta fue el principal motivo por el que se requirió formalmente el interrogatorio del príncipe de Gales.

Durante el interrogatorio —que duró varias horas, y se realizó en su residencia de Clarence House—, lord

Recorte de prensa con imágenes de la pareja, el coche accidentado, lord Stevens, jefe de la investigación Paget y el acusado Henry Paul.

Stevens, el juez encargado de la investigación, le preguntó por el contenido de la carta. S.A.R. el príncipe de Gales declaró que no tenía ningún conocimiento de esa carta hasta su publicación en 2003, y que no sabía por qué la princesa de Gales escribió eso. Añadió que la princesa de Gales nunca había hablado con él sobre esos temores.

La incómoda pregunta ¿planificó asesinar a su esposa?

1997, 31 de agosto. Diana Spencer, princesa de Gales, fallece en un «*accidente*» de coche en París. Desde luego, ya se trate de un accidente fortuito o de una conspiración, el caso es que Diana pronosticó con exactitud de qué forma moriría.

Con intención de aclarar brevemente todo lo expuesto aquí en relación a los temores que la princesa de Gales sentía, he hablado de los testimonios que refrendan las amenazas que sufrió Diana, incluso algunas de ellas sufridas por los propios testimonios: Mohamed Al-Fayed, James Hewitt, Peter Settelen, Mishcon de Lambeth, Simone Simmons, Grahame Harding, Roberto Devorik, Hasnat Khan y Paul Burrel. Pero en el juicio no faltó quien opinó diferente, como su secretario privado, Patrick Jephson que avisó al letrado Mishcon que se creyera la mitad de lo que la princesa le contaba sobre sus sospechas, porque creía que Diana estaba bajo los efectos del estrés y era muy susceptible a las teorías de la conspiración; Sarah McCorquodale (hermana de Diana), que declaró en Scotland Yard que su hermana nunca le mencionó haber recibido amenazas, y otros tantos que la describieron como «*mentalmente frágil*».

Es cierto que Diana era «*mentalmente frágil*» y que muchas de sus sospechas podrían ser miedos fundados en conductas propias que ella intuía peligrosas. Sin embargo, sí que hay un número importante de testimonios —como estamos viendo aquí—, que declararon de forma veraz y contundente que sí se sintieron amenazados o espiados en algún momento. Naturalmente, no me refiero a las opiniones vertidas sin ningún tipo de argumento, sino a muchas de las manifestaciones aquí expuestas —fechadas y documentadas—, que no pudieron ser negadas, ni siquiera ante el juez.

DIANA SE SIENTE AMENAZADA DE MUERTE

- 1987, Barry Mannakee, responsable de la protección personal del servicio de Policía Metropolitana, también fue el primer amante de Diana. Mannakee falleció en un accidente de motocicleta. Diana siempre pensó que el accidente había sido provocado.
- 1990, James Hewitt, miembro de la Guardia Real, y el amante que Diana confesó en el programa de televisión Panorama que tuvo desde 1986, dijo haber recibido amenazas durante ese tiempo. Estas amenazas consistían en llamadas de voz masculina que le decían «*no vuelvas a ver a la princesa Diana*». El *Daily Mail*, del 11 de septiembre de 2004 ampliaba el mensaje de la amenaza diciendo «*no vuelvas a ver a la princesa de Gales o sufrirás el mismo destino de Barry Mannakee*».

- 1992, Peter Settelen, actor, fue el profesor de dicción de Diana. Grabó veinte cintas de 45 minutos cada una —catorce se perdieron—, como parte del proceso de aprendizaje. La NBC transmitió una parte en la que Diana hablaba sobre Barry: «*Todo fue descubierto y se le tiraron encima. Entonces él fue asesinado*».
- 1993, Diana retira voluntariamente la protección personal. Como el jefe de seguridad es el mismo que el del príncipe de Gales, piensa que le informan a este de todas sus actividades.
- 1993, la princesa hace testamento, dejando claro que si fallece ella antes que su marido, desea que en la educación de sus hijos intervenga su madre y su hermano.
- Simone Simmons, terapeuta de Diana, declaró en el informe Paget, bajo la dirección del juez lord Stevens, que había leído varias cartas que el duque de Edimburgo envió a la princesa. Eran cartas muy desagradables, que dejaron de enviarse tras el divorcio.
- 1994, Diana solicitó los servicios de Grahame Harding (dueño de una empresa de electrónica y seguridad) en el palacio de Kensington. Le dijo que era objeto de espionaje y que creía que estaban escuchando sus conversaciones telefónicas. Mientras Harding realizó el barrido de dispositivos de escuchas, el equipo detectó un posible micrófono oculto que podía estar presente tras la pared de su dormitorio. Harding no pudo acceder a esa pared pues no pertenecía a su apartamento. Dos días después, la señal había desaparecido. Le aconsejó cambiar el teléfono móvil a menudo y no utilizar el teléfono fijo.
- 1995, un incidente en el coche que conducía, al que le fallaron los frenos, como resultado de una posible

manipulación, le hace acudir al despacho de lord Mishcon, su representante legal. En la reunión, Diana le explicó el temor que sentía por su seguridad, incluyendo la posibilidad de que le provocaran un accidente con su coche. Lord Mishcon redactó un documento con sus sospechas, que a su muerte entregó al comisionado de la Policía Metropolitana de Londres.

- 1995, Diana le confió varias sospechas a su amigo Roberto Devorik, con quién colaboraba en diferentes organizaciones benéficas.

- En relación con la entrevista televisada del programa Panorama, en la que Diana habló de su vida privada, le dijo a Devorik: «*Sé que después de esto me van a matar*».

- En referencia al duque de Edimburgo, le dijo: «*Realmente me odia, le gustaría verme desaparecer... él me culpa de todo*».

- Durante un vuelo a Roma le dijo: «*Bueno, crucemos los dedos, en cualquier momento me va a estallar... Sí, un helicóptero, un coche, o algo así... No me matarán en un avión grande donde otros se lastimen, lo harán cuando esté en una avioneta, en un coche, en un helicóptero...*».

- 1996, Hasnat Khan, novio de Diana (desde septiembre de 1995 hasta mayo de 1997), declaró que él había recibido una gran cantidad de amenazas anónimas.

- 1996, Diana le entregó una carta a su mayordomo Paul Burrell (se había convertido en su hombre de confianza), en la que expresó por escrito sus temores de que le provocaran un accidente de coche.

- 1996, declinó la invitación para ir a ver «*María, reina de Escocia*», diciendo: «*Conozco el final, y voy a terminar como María I de Escocia. Soy un inconveniente para ellos*».

- 1997, febrero. Mientras Diana estaba con su terapeuta, Simone Simmons, recibió una llamada telefónica. Diana le acercó el auricular para que Simmons también escuchara. Según declaró la terapeuta ante los investigadores de Scotland Yard, la llamada era de Nicholas Soames, político del partido conservador británico, miembro del Parlamento, y desde 1970, asistente personal del príncipe de Gales, y en ella amenazaba a Diana con estas palabras «No *te metas en cosas de las que no sabes nada, porque sabes, los accedentes pueden ocurrir*».

- 1997. Le dijo a su amigo Devorik que había salido del palacio de Kensington en su vehículo sin decir nada a nadie. Lo llamó para decirle que la estaban siguiendo y que estaba segura de que no era la policía: «*Alguien quiere hacerme daño*».

- 1997, julio. Durante las vacaciones de verano, Diana le confesó sus miedos a Mohamed Al-Fayed, y le dijo: «*Si me ocurre algo, no tengas la menor duda de que ha sido el duque de Edimburgo*».

- 1997, 31 de agosto. Diana fallece en un «*accidente*» de tráfico.

El último verano de Diana

Al escribir estas líneas me hago una pregunta. Diana pasó los últimos días de su vida, y murió trágicamente, al lado de Dodi Al-Fayed en el verano de 1997. Si tengo en cuenta que, a principios de ese mismo año, la princesa estaba pensando en contraer matrimonio con el médico pakistaní Hasnat Khan, con quien, al parecer, ya había iniciado trámites legales para hacerlo... ¿entonces?

Algo no me cuadra. ¿Qué era Dodi para la princesa y cómo llega a su vida?

Dodi, nacido en Alejandría (Egipto) como Emad El-Din Mohamed Abdel Moneim Fayed, también estaba llamado a ser el heredero, pero no de un país, sino de un imperio, el de su padre, multimillonario y dueño de la prestigiosa cadena de almacenes ingleses Harrods. Criado como musulmán en el prestigioso colegio suizo de Le Rosey, frecuentaba los círculos sociales más exclusivos de Londres. Fue productor de películas tan taquilleras como Hook, Carros de fuego y La letra escarlata. Sentimentalmente se le había vinculado con modelos y actrices como Winona Ryder, Brooke Shields y Kelly Fisher, su novia hasta el mes de julio de 1997.

Aquí me paro un momento. Una reflexión. Diana está enamorada de Hasnat Khan y su relación se rompe (él abandona por la presión mediática) en julio de 1997, y Dodi Al-Fayed está comprometido con Kelly Fisher — ella denunció en televisión que la había engañado con la princesa Diana, y enseñó ante las cámaras su fabuloso anillo de compromiso—, que también rompe en julio de 1997. Otro dato curioso.

Diana y Dodi se conocen un 14 de julio y mueren el 31 de agosto. En este punto se me ocurren dos cosas. Una: Diana, como ya hemos visto, vulnerable por la ruptura con Khan y bastante acostumbrada a conseguir lo que quiere, acepta la invitación de Mohamed Al-Fayed, conoce a Dodi y se deja querer, bien para dar celos a Khan, bien para olvidar. Dos: que, sin darse cuenta, la amabilidad y galantería de Dodi la enamoran.

Si se tratara de otra persona distinta a la princesa me costaría pensar que recién terminada una relación donde había amor, y en tan solo un mes y medio de iniciar otra relación, ya se hubiera enamorado hasta el punto de querer anunciar un compromiso e irse a vivir con él. Sin embargo, tratándose de Diana, y analizando los datos que he ido exponiendo en capítulos anteriores, me extraña muchísimo menos. No era esa la primera vez que Diana se enamoraba de un hombre y deseaba irse lejos con él. Como si en ese viaje su amado pudiera librarla de sus problemas, cuando posiblemente, los problemas hubieran viajado con ella también.

En el caso de Dodi no sé muy bien qué pensar, aunque no sería la primera vez que una persona tiene una relación estable y se enamora de otra.

El caso es que el viernes 11 de julio de 1997, la princesa de Gales y sus dos hijos, Guillermo y Enrique, comenzaron sus vacaciones en Saint-Tropez, invitados por Mohamed Al-Fayed. Mohamed y Diana ya se conocían, pero esta era la primera vez que ella había aceptado su invitación de pasar unas vacaciones de verano. Antes de partir, Diana había hecho saber a sus amigos que quería pasar un tiempo con sus hijos en un ambiente seguro, y ella sabía que Mohamed tenía su propio equipo de seguridad.

El lunes 14 de julio fue el día en que la princesa le dijo a la prensa: «*recibirán una gran sorpresa*» y, ese mismo día, fue cuando se publicó la fotografía de Diana con un traje de baño de leopardo que le marcaba una pronunciada barriguita (aquí empiezan los «*rumores*» de embarazo de los que luego hablaré, porque las pruebas tampoco me cuadran). Y, esa tarde, Dodi se une a las vacaciones con su padre y la princesa.

El domingo 20 de julio, Diana voló de regreso a Inglaterra con sus hijos y Dodi permaneció en Saint-Tropez hasta el fin de semana del 26, en que ambos quedaron en París para pasar unos días juntos. Esto es apenas un mes antes de que murieran, en teoría, por la persecución de unos paparazzi en ese mismo lugar (y digo en teoría porque, obviamente, no lo veo así). Y yo me pregunto, si el «*romance*» ya se había hecho público, incluso habían salido fotografías de la pareja, Diana ya había comunicado que daría una sorpresa y más, ¿qué sucedió en esta ocasión?, ¿los paparazzi estaban de vacaciones?, esta pregunta va con sorna. La cuestión es que esa visita de la pareja en París no atrajo más de lo normal la atención de los medios. El chófer que los condujo declaró que caminaban con relativa libertad por París, sin interferencias destacables de los medios de comunicación o del público.

Así pues, la única razón que se me ocurre para que solo un mes después se montara semejante espectáculo mediático es que todo fue orquestado. Los periodistas fueron utilizados como cabeza de turco. Como esas falsas noticias que se dan para encubrir con una cortina de humo otra mucho más alarmante. Por ese motivo fueron arrestados, robaron los discos duros que contenían las fotografías tomadas a Diana de sus agencias y luego les soltaron. Los periodistas no disparan balas, sino flashes, y eso no mata. El memorial en los almacenes Harrods, con el anillo de compromiso del joyero Repossi dentro de las dos últimas copas de champán en las que bebió la pareja.

Volviendo al encuentro de la pareja, ambos regresaron a Inglaterra, donde continuaron viéndose. El jueves 31 de julio volaron a Niza y viajaron juntos a la riviera italiana, a bordo del yate de Mohamed Al-Fayed, el *Jonikal*. Fue durante ese viaje en el que Mario Brenna —paparazzi italiano—, tomó la famosa y millonaria fotografía del famoso «*beso*».

El miércoles 6 de agosto, Diana y Dodi regresaron a Inglaterra, siempre acompañados de los dos guardaespaldas de Dodi, John Johnson y Trevor Rees-Jones (el guardaespaldas que resultó herido en el accidente), quienes describieron su trabajo como rutinario, pese a la presencia de la princesa de Gales.

El viernes 8 de agosto, la princesa voló a Bosnia en apoyo de la campaña de las Naciones Unidas contra las minas terrestres, de donde regresó dos días después.

A su regreso pasó unos días de descanso con su amiga Rosa Monckton (del 15 al 20 de agosto), cruzando las islas de Grecia en el barco de Monckton. Dodi se fue a Los Ángeles. Ningún medio de comunicación les siguió.

Diana volvió a Londres el día 20 de agosto y el 22, la princesa y Dodi volvieron a reunirse y a embarcar de nuevo en el *Jonikal*. Cruzaron las costas mediterráneas de Francia, Mónaco y Cerdeña, junto con el guardaespaldas Trevor Rees-Jones y Kieran Wingfield.

El sábado día 30, Diana y Dodi se dirigieron al aeropuerto de Olbia, en Cerdeña, donde cogieron un avión privado, dorado y verde, como el emblema de los Harrods. En su trayecto los acompañaron los dos guardaespaldas, René Delorm (mayordomo de Dodi), Myriah Daniels (fisioterapeuta) y Deborah Gribble (azafata del *Jonikal*). El avión los llevó hasta el aeropuerto de Le Bourget, a 16 kilómetros de París, donde aterrizaron a las 15:20 h. Algunos paparazzi los

El memorial en los almacenes Harrods, con el anillo de compromiso del joyero Repossi dentro de las dos últimas copas de champán en las que bebió la pareja.

estaban esperando y tomaron algunas fotografías mientras desembarcaban del avión.

En el aeropuerto dos coches les estaban esperando, un Mercedes S600 (no es el del accidente) y un Range Rover. Diana, Dodi, y Trevor Rees-Jones subieron a bordo del Mercedes, conducido por Philippe Dorneau, el chófer habitual de Dodi, y el resto de pasajeros que habían estado en el vuelo fueron conducidos 160 en el Range Rover por Henri Paul (el chófer que murió en el accidente).

Dourneau condujo a la pareja a Villa Windsor, en la Bois de Boulogne, propiedad de Mohamed Al-Fayed, y donde Mohamed me dijo que posiblemente fijarían su residencia Diana y Dodi.

Entretanto, Henri Paul llevó a los ocupantes de su coche y el equipaje de la pareja al apartamento de la rue Arsène Houssaye (en los Campos Elíseos) y después se reunió con la pareja en Villa Windsor. Allí permanecieron unos minutos paseando por los jardines y volvieron a subir en el Mercedes en dirección al hotel Ritz de París. Henry Paul los seguía en su Range Rover. A las 16:30 h llegaron al hotel Ritz. Ambos chóferes pararon en la entrada trasera de la rue Cambon.

Diana y Dodi subieron para descansar en la suite imperial del hotel —la habitación más lujosa de 218 metros cuadrados, que incluye tres dependencias y cuesta unos 25.000 euros la noche—, que recrea la alcoba de la reina María Antonieta en el palacio de Versalles.

Unos 20 minutos más tarde, Diana se fue a la peluquería del hotel, y Dodi se dirigió a la tienda de joyeros Repossi en la place Vendôme. La tienda está en la esquina opuesta de la plaza a muy poca distancia del hotel. Allí, Dodi recoge el anillo que había encargado a Albert Repossi (prestigioso y discreto joyero), de la colección de anillos de compromiso «*Dime sí*». Inesperadamente, también le gustó otro anillo y también lo compró (es el que después de su muerte encuentran en el apartamento de Dodi. El de compromiso se encuentra tirado en el coche, posiblemente se le resbaló a Diana del dedo durante el impacto; y actualmente se puede ver en el memorial de los Harrods, dentro de las dos últimas copas de champán en la que bebió la pareja, durante la cena en el hotel Ritz de París.)

A las 19 h Diana y Dodi salen del hotel por la puerta trasera de la rue Cambon, de nuevo conducidos por Philippe Dourneau, les sigue el Range Rover que esta vez lo conduce Jean François Musa, dueño de la empresa de alquiler de coches de alta gama, *Letoile Limousine*, cuyo cliente principal era el hotel Ritz (un 161 nombre importante que volveré a mencionar en el capítulo de Investigación). Se dirigen al apartamento de Dodi. Los paparazzi les siguieron durante todo el camino. Henri Paul se quedó en el hotel porque había finalizado su servicio y se fue unos minutos después.

Al llegar al apartamento se encontraron a una multitud de paparazzi, y el guardaespaldas, el chófer y Musa tuvieron que escoltar a la pareja hasta el interior. Allí hicieron una reserva para cenar en el restaurante *Chez Benoit*, de la rue Saint Martin, situado al este del centro de la ciudad y alejado del hotel Ritz. Se tomaron una copa de vino en el salón azul y mientras Diana se relajaba sentada sobre la alfombra, Dodi aprovechó para ir a la cocina y decirle a Delorm (mayordomo) que se asegurara de tener champán bien frío, listo para cuando regresaran de la cena: «*voy a proponerle matrimonio a la princesa esta noche*».

Delorm declaró en Scotland Yard que la secuencia sucedió así: «*Cuando la princesa entró en la habitación para prepararse, Dodi entró en la cocina, antes miró en el pasillo para comprobar que ella no podía oírle. Metió la mano en el bolsillo y sacó una caja. Abrió la caja y me dijo que iba a proponer el matrimonio esa noche a la princesa. Me pidió que tuviera el champán en el hielo para cuando regresaran. Se puede imaginar lo emocionado que estaba. Todo lo que había imaginado que sucedería parecía estar pasando. Volvió a guardar el anillo en el bolsillo y se fue».* Unos minutos después de esta secuencia, Delorm se dirigió al salón: «*Tosí antes para anunciar mi presencia. Vi a la princesa y Dodi sentados, él con una rodilla delante de ella acariciando su vientre, ella estaba mirando su mano. Lo único que escuché fue decir la palabra "sí"... Me han preguntado —refiriéndose a la policía—, por qué no he dicho esto antes. Mi respuesta es que no quería formar parte de las especulaciones, no quería confirmar rumores de embarazo. Pensé que si estaba embarazada saldría más adelante... Cuando la oí decir "sí", como he descrito, solo vi su postura. Escuché el "sí" pero si era "sí me casaré contigo" o "sí podemos ir al Ritz", no lo sé».*

A las 21:30 h, Diana y Dodi salen del apartamento vestidos con ropas informales —él con unos levis azules, chaqueta de ante color camel y botas vaqueras del mismo color, y ella con chaqueta americana y camiseta negra, pantalón blanco, y zapatos de salón también de color negro—, en dirección al restaurante *Chez Benoit*, donde tenían la mesa reservada. Philippe Dorneau volvió a conducir el Mercedes con la princesa y Dodi sentados en la parte trasera. Jean François Musa siguió conduciendo el Range Rover, acompañado por Kieran Wingfield y Trevor Rees-Jones, ya que deseaban dar a la pareja más privacidad.

Sus planes cambiarían inmediatamente al comprobar que un grupo de paparazzi les seguía. Dodi cubría el cuerpo de Diana para protegerla de los flashes y le dijo a Dorneau que abandonara el plan de ir al *Chez Benoit* y condujera directamente hasta el Ritz. En esta ocasión Dourneau condujo directamente hasta la entrada principal del hotel en la place Vendôme. Eran las 21:50h.

La pareja se bajó del automóvil protegida por el chófer y el guardaespaldas que intentaban esquivar el intrusismo del grupo de paparazzi que se amontonaba en la entrada. En este punto, un miembro del personal de seguridad del Ritz telefoneó a Henri Paul, como jefe interino de seguridad del hotel, para informarle del regreso inesperado de la pareja. Paul que estaba fuera de servicio, regresó al hotel a los diez minutos de la llamada telefónica.

Mientras esto sucedía, Diana y Dodi recorrieron el pasillo central, y entraron en el restaurante *l'Espadon*, situado en el mismo hotel. Allí compartieron una mesa relativamente alejada de otros clientes que ya habían comenzado su cena. Miraron la carta y pidieron la que fue su última cena: Diana, un revuelto de champiñones y espárragos, de primero, y lenguado con verduras de segundo, y Dodi, rodaballo a la parrilla y una botella de champán *Taittinger*. Adjunto dos planos del hotel donde le he anotado las localizaciones, para que podáis ir siguiendo el recorrido.

Quince minutos más tarde, incómodos de sentirse observados y de no llevar el atuendo adecuado para cenar en un establecimiento que marca la etiqueta en todos sus detalles, solicitan al camarero que cuando esté

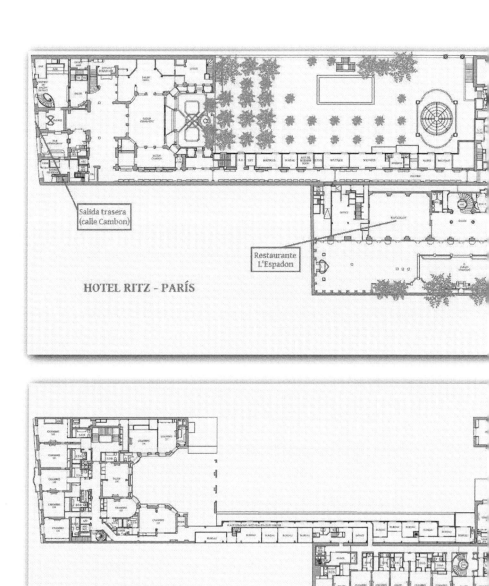

HOTEL RITZ – PARÍS

Salida trasera
(calle Cambon)

Restaurante
L'Espadon

Hotel Ritz – París
Primera Planta

Suite Imperial

206

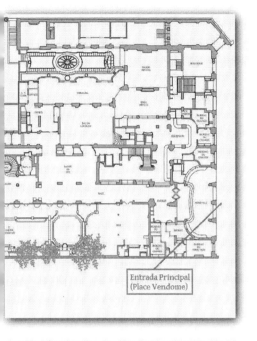

Entrada Principal
(Place Vendôme)

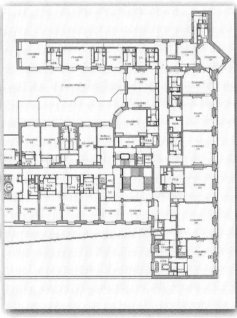

lista la cena que han pedido se la suban a la suite imperial.

Mientras tanto, Henri Paul permanece en el hotel, donde aguarda a la pareja en el bar Vendôme —también situado en el interior del hotel—, tomando dos copas de anís con hielo. A las 23 h, Dodi abandona la suite y se reúne con sus guardaespaldas para informales que Diana y él debían regresar al apartamento de los Campos Elíseos. Sin embargo, los paparazzi seguían emplazados en la puerta del hotel y había que despistarlos.

Entre todos, urden una estrategia que incluye estacionar los dos coches que han utilizado durante todo el día —con los mismos chóferes, Philippe Dourneau y Jean-François Musa, junto al

207

Mercedes, y Kieran Wingfield junto el Range Rover—, en la puerta principal, con la intención de atraer la atención de los fotógrafos y, aprovechado la distracción, la princesa y Dodi se instalarían en la parte posterior de un tercer vehículo —un Mercedes S280—, que proporcionaría Musa, y les aguardaría en la entrada de servicio. Junto a ellos, iría al volante el jefe de seguridad —Henri Paul— y el guardaespaldas Trevor Rees-Jones. De acuerdo con la estrategia, Dodi regresa a la suite donde aguarda Diana, y antes de salir hace una llamada a su padre, Mohamed Al-Fayed. Le dice que están en el hotel, pero que en breve saldrán hacia su apartamento. Le informa de que la puerta del Ritz está atestada de paparazzi, y le explica la maniobra que ha ideado el jefe de seguridad para librarse de los periodistas. La conversación entre padre e hijo sucedió así:

—Mohamed: No salgas, ¿por qué no te quedas esta noche en el hotel?

—Dodi: No podemos *Mumu*. Tenemos el equipaje allí y mañana por la mañana debemos salir hacia Londres.

—Mohamed: ¡Ten cuidado! No hace falta que te escondas de nadie. Eso de salir por la puerta trasera y cambiar de coche…

Sin embargo, Dodi se dejó llevar por los planes sugeridos y a las 00:20 h, la pareja atravesaba los pasillos del hotel que los llevaba a la entrada de servicio de la rue Cambon, donde permanecieron cinco minutos hablando con Paul.

En el plano de situación —aunque en el capítulo de Investigación podrá encontrar más, puede observar la distancia que había desde el punto de partida en la rue

Cambon y el destino fijado en la rue Arsène Houssaye (Campos Elíseos.) Me parece importante prestar atención a estos documentos porque al estudiar las diferentes rutas por las que se podía optar, veo que la elegida destacada en el plano es una de las rutas más largas y, a mi juicio, teniendo en cuenta que el objetivo era llegar al apartamento lo antes posible, es la ruta menos adecuada. Me despierta muchos interrogantes, y en ellos me centraré en el siguiente capítulo.

Henri Paul se sentó al volante del Mercedes S280, con matrícula 688LTV75 (se trata del Mercedes siniestrado y no exento de misterio, como verá en el capítulo de la Investigación), proporcionado, como he dicho antes, por la empresa *Etoile Limousine*, que había permanecido durante el día en el aparcamiento

subterráneo de la plaza Vendôme. Trevor Rees-Jones se sentó en el asiento delantero, y Diana y Dodi, en los asientos traseros.

Dorneau, Musa y Wingfield, siguiendo los planes trazados, permanecieron en sus vehículos delante de la entrada principal, hasta que les avisaron de que el otro Mercedes ya estaba en camino con la pareja y estaba siendo seguido por varias motos llevadas por paparazzi. Entonces, subieron a sus coches, y condujeron sus vehículos hasta el apartamento de Dodi.

Entretanto, Henri Paul condujo el coche por la rue Cambon hasta el cruce con la rue de Rivoli, y giró en dirección a la place de la Concorde. Paró en un semáforo

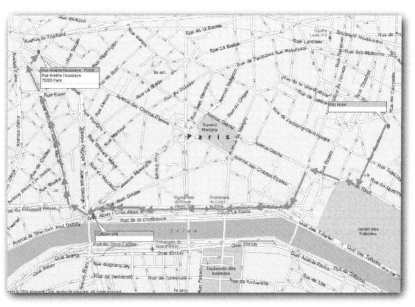

La ruta del chófer, mostrando la distancia que había desde el punto de partida en la rue Cambon y el destino fijado en la rue Arsène Houssaye (Campos Elíseos).

y continuó hacia el rio Sena, evitando la ruta directa por la avenida de los Campos Elíseos, que hubiera sido la más lógica.

Paul siguió por Cours la Reine, Cours Alberto I, y pasó bajo el túnel Alejandro III. Como podrá ver en el plano, una vez que el Mercedes llegó a esta localización, lo más obvio es que hubiera girado a la derecha, conduciendo hasta la avenida George V, o la avenida Marceau. Sin embargo, Paul no tomó ese camino, sino que siguió hacia el túnel de l'Alma. Vuelven a surgirme las dudas, sobre todo, cuando me entero que en el itinerario que Paul siguió, las cámaras de seguridad (de tráfico y de grabación urbano) de todo el recorrido que hizo, curiosamente no funcionaban (en el plano del siguiente capítulo las tenéis todas), y más aún, cuando descubro información de que Henri Paul puede ser un agente del MI5, del MI6, del Mossad, o de todos a la vez, pero esta cuestión la desarrollo más adelante.

Volviendo a los minutos previos del accidente, el Mercedes entra en el túnel de l'Alma —los motoristas detrás en todo momento—, cuando de pronto un Fiat Uno de color blanco (que tampoco carece de misterio, como ya lo leeréis), se encuentra en su interior circulando a una velocidad inferior, y Paul se ve forzado a esquivarle. Ambas carrocerías se rozan lo suficiente para que el conductor del Mercedes pierda el control del vehículo y acabe impactando en el pilar número 13 del puente de l'Alma. Dodi Al-Fayed y Henri Paul fallecen en el acto, la princesa Diana, —aún consciente—, y Trevor Rees-Jones están heridos y son trasladados por diferentes ambulancias del SAMU al hospital de la Pitié-

Salpêtrière. La princesa de Gales es declarada muerta a las 4 horas.

INVESTIGACIÓN

EL PAÍS, 31 agosto 1997
José Luis Barbería
MUERTE DE UNA PRINCESA
Diana de Gales y su novio mueren en un accidente
de tráfico en París

«Diana de Gales y su novio mueren en un accidente de tráfico en París. Diana de Gales murió esta madrugada. La princesa, de 36 años, que comenzaba a rehacer su vida tras divorciarse recientemente del heredero de la Corona británica, falleció en París tras sufrir un aparatoso accidente de automóvil que también se cobró la vida de su actual compañero sentimental, el magnate egipcio Dodi Al-Fayed. Según las últimas informaciones, la colisión se produjo cuando el Mercedes de Al-Fayed intentó esquivar una motocicleta en la que viajaban unos fotógrafos de la prensa del corazón que trataban de obtener una instantánea de la pareja. La policía francesa ha detenido a siete paparazzi. Diana murió sobre las cuatro de la madrugada a consecuencia de las heridas internas que sufrió...».

Recuerdo perfectamente lo que estaba haciendo cuando escuché en la radio la noticia de que la princesa de Gales había sufrido un accidente. Las primeras informaciones decían que Dodi Al-Fayed, novio de la princesa, había muerto en el fatal accidente y que Lady

Di se encontraba gravemente herida. Creo que comparto con muchas personas el saber dónde se encontraban justo en el momento en que conocieron la noticia. Fue una madrugada, la del 31 de agosto de 1997, y esa misma mañana la prensa mundial se hacía eco del accidente. Es evidente, que esa relevancia era fruto del poder mediático que Diana había ejercido en el mundo entero, y tal vez por esa influencia el hecho de que su muerte haya seguido llenando titulares muchos años después. Sobre todo, por las dudas e incertidumbres que rodearon su muerte. De un lado estaban todas las sospechas, muchas de ellas documentadas por la propia princesa antes de morir y, de otro lado, la de las personas que creyeron sus sospechas e investigaron hasta encontrar respuestas a muchas preguntas. Algunas se contestaron, pero la mayoría quedaron en el limbo de las preguntas incómodas y nunca obtuvieron una respuesta sincera. A todos ellos se unió Mohamed Al-Fayed, como hemos visto, que había sido testigo de las inquietudes de Diana en sus últimos días de vida. Él removió cuanto pudo y encontró valiosos testimonios, tanto forenses, como verbales que solicitó se contaran bajo declaración jurada ante un notario, tal fue el caso del ex agente del MI6, Richard Tomlinson. Al mismo tiempo, Al-Fayed documentó todas sus sospechas, añadiendo todo lo que no le cuadraba. Todo lo reunió en un extenso informe que entregó en Scotland Yard, que fue la base de una investigación que se recogió en lo que la policía llamó el Informe Paget, y que dio lugar a un juicio celebrado en el año 2007 que tenía como objetivo resolver los cabos sueltos, y dictaminar si la muerte de la princesa de Gales fue o no fue un accidente.

He tenido acceso, tanto a una parte de la investigación inicial realizada en Francia, como al informe Paget y a ciertos documentos de gran valor (declaración de Tomlinson, parte médico de Diana, Dodi, el chófer y el guardaespaldas, planos...) que iré aportando a lo largo de las siguientes páginas. En la muerte de Diana, las piezas no encajan.

Mis dudas

En primer lugar, voy a empezar por el final. Es decir, por todas las dudas que me surgen de las investigaciones realizadas, con el objetivo de comprobar si puedo encontrar algunas de sus respuestas estudiando nuevamente los datos que a continuación expongo.

Primera duda: los medios en alerta

Un mes antes del accidente, Diana y Dodi habían estado en París; pasearon por sus calles, fueron de compras, se divirtieron, cenaron en restaurantes, estuvieron en el Ritz, descansaron en el apartamento de Dodi y todo sucedió con normalidad. Hubo paparazzi, claro que sí, pero nada alarmante... Y tan solo un mes más tarde, sin ningún argumento nuevo que añadiera importancia a la prensa, resulta que un gran número de paparazzi se aglutina allí donde la pareja va, como si de una manifestación se tratara. Y yo me pregunto, ¿quién les avisó? Me llama poderosamente la atención que ninguno de los informes policiales —francés y británico— mencione esta cuestión. Y me parece un punto de lo más interesante si tenemos en cuenta que tal número de periodistas juntos solo puede verse en las ruedas de prensa, o cuando estos son convocados con la intención de dar una noticia. En el caso de Diana y Dodi, ya se sabía que darían una noticia, pero de eso hacía ya muchos días. Me reitero en que ninguna circunstancia había cambiado en la pareja en el último mes.

Por otro lado, he leído con detenimiento la declaración jurada que Richard Tomlinson, el ex agente del MI6 le entregó a Mohamed Al-Fayed. En ella, entre otros muchos datos de gran valor informativo, dice que el jefe de seguridad del hotel Ritz, Henri Paul, el mismo que conducía el Mercedes que se estrelló en la columna número 13 del puente de l'Alma, y que fallece junto a Diana y a Dodi, fue fichado por los servicios secretos (su declaración la expongo unas líneas más abajo, justo al terminar la serie de dudas que estáis leyendo. Por favor, no deje de leerla porque si le ocurre como a mí, no dejará de sorprenderle).

Por ese motivo, Mohamed Al-Fayed expuso en su informe la implicación del chófer en la «filtración» a los paparazzi. Tal vez ese pueda ser el motivo por el que para ir desde el hotel Ritz hasta el apartamento de Dodi escogió una ruta más larga, y poco usual a esas horas de la noche donde casi todas las vías iban descongestionadas de tráfico. No hay una explicación lógica para determinar ese trayecto.

En este caso deduzco que se preguntará, y con razón, si Henri Paul también estaba dispuesto a dar su vida por esa «orden», ya que también falleció en el «accidente». La respuesta es no, pero eso lo iremos deduciendo a medida que vaya adelantado mi exposición.

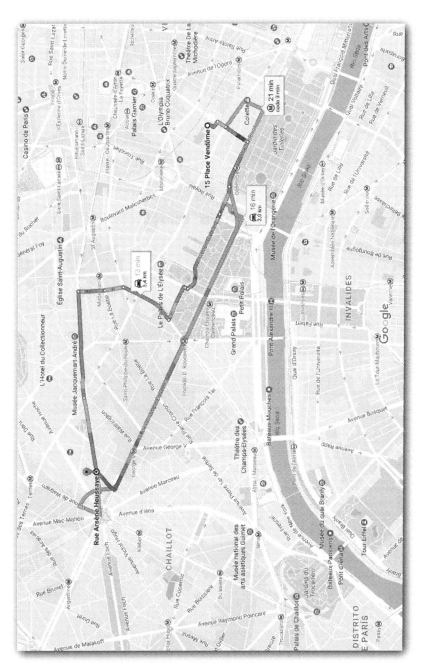

Las otras rutas más lógicas, a la seguida por el Mercedes.

Segunda duda: un conductor rico

Todas las investigaciones oficiales concluyen afirmando que Henri Paul es el exclusivo causante del accidente mortal de la princesa y su novio. Le atribuyen el conducir bajo ingentes cantidades de alcohol y fármacos (un hecho también dudoso porque en el hospital ponen el mismo número del fallecido al chófer y a Dodi. Resulta difícil saber a quién le practicaron los análisis forenses, incluso, si podían ser de una tercera persona.)

Mohamed Al-Fayed no duda en decir la confianza que tenía depositada en él, nombrándolo jefe de seguridad de su glamuroso hotel Ritz ubicado en París. Entonces, ¿quién es realmente el conductor del vehículo,

Una foto del vehículo tomada por los paparazzi. En primer plano, el guardaespaldas Trevor Rees- Jones y el chófer Henry Paul.

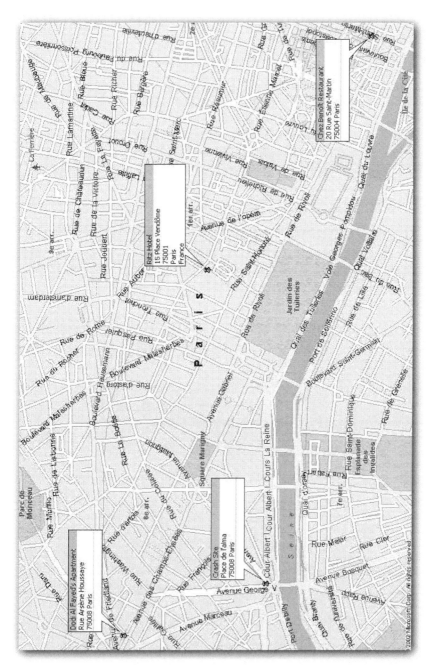

Chez Benoît Restaurant
20 Rue Saint-Martin
75004 Paris

Ritz Hotel
15 Place Vendôme
75001
Paris
France

Crash Site
Place de l'Alma
75008 Paris

Dodi Al Fayed's Apartment
Rue Arsène Houssaye
75008 Paris

Plano de situación de las ubicaciones clave.

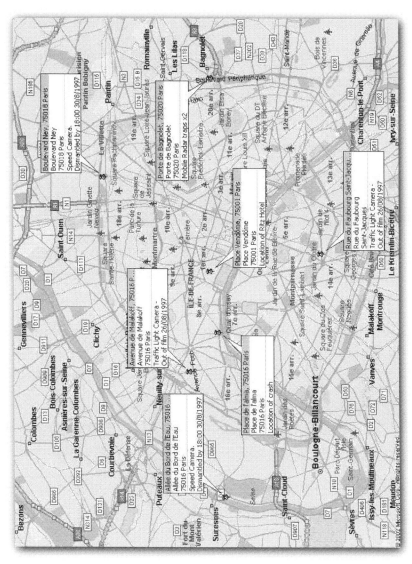

Las cámaras de control de velocidad en los semáforos.

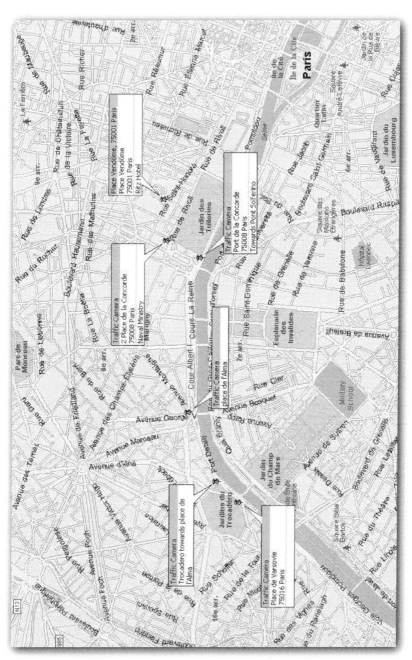

Las cámaras de control de tráfico en la ruta del Mercedes.

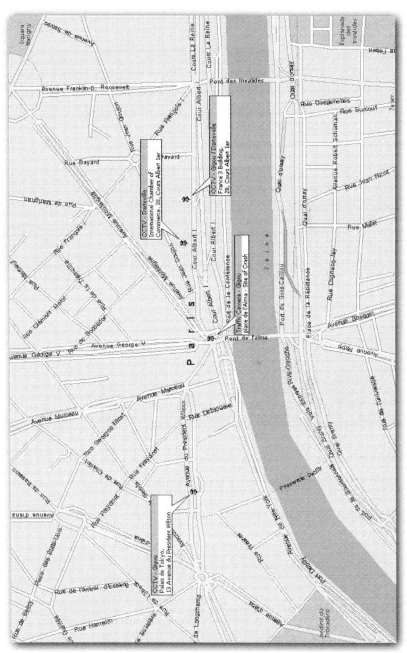

Las cámaras de grabación urbana en torno al túnel

Henri Paul? En realidad son muchos y distintos los testimonios de ex espías que aseguran que era un hombre a sueldo del servicio secreto británico MI6 y de otros servicios de inteligencia. Incluso llama poderosamente la atención que el día del fatídico accidente se le encontraran en el interior del bolsillo de su pantalón, 12.000 francos franceses —doce veces más de lo que llevaba Dodi, su jefe—, y recién vuelto de su casa únicamente para atender a la recién llegada pareja de novios a París. Además, durante el registro previo a la investigación, se comprobó que Paul tenía importantes sumas de dinero depositadas en numerosas cuentas corrientes abiertas en diferentes sucursales bancarias que hacen concluir a Scotland Yard que es algo que no se corresponde a los ahorros obtenidos con su salario.

Tercera duda: problema con las cámaras

El seguimiento de las cámaras de seguridad de tráfico (CCTV) en las ciudades es una evidencia contundente. Las puedo ver por todas partes, en los semáforos, en las vías, en los túneles... Algunas pasan desapercibidas, pero otras son visibles para todo el mundo. Si piensa en la ciudad donde vive podrá comprobar que desde que sale de su casa en el automóvil, hasta que llega a su lugar de destino, pasa por un número llamativo de cámaras. De hecho, en muchos actos de delincuencia las cámaras de tráfico son utilizadas para comprobar el itinerario del fugitivo y saber con cierta exactitud a qué lugar se dirige. Lo que quiero decir es que ningún conductor se sorprende de que existan cámaras dispersas por toda la ciudad —y fuera de esta— que estén grabando su recorrido, y que tras ellas exista un permanente observador que alertaría rápidamente de cualquier incidencia que se produjera. Pues bien, en París, en esa noche, inexplicablemente no funcionó ninguna cámara y, por tanto, tampoco se captó ninguna imagen del interior del túnel de l'Alma , ni en los alrededores del mismo. Estoy hablando del centro de París, de sus Campos Elíseos. Es decir, del centro de una ciudad, repleta, como es sabido, de cámaras de vigilancia y radares.

Mi pregunta es ¿por qué no funcionaron las cámaras de seguridad CCTV esa noche en el recorrido que hizo el Mercedes siniestrado.

Cuarta duda: demasiado tiempo al hospital

A Diana tardaron 45 minutos en trasladarla desde la ambulancia al hospital de la Pitié-Salpêtrière, que está a 6 kilómetros (lo normal en ese recorrido es tardar entre siete y ocho minutos, más aún, abriendo paso la policía, como fue el caso.) La princesa estaba herida y consciente, aunque hablaba, según me dicen, con cierta incoherencia. De hecho, Fréderic Maillez, miembro del *S.O.S. Médicine* —una sociedad médica francesa privada—, que cruzaba el túnel de l'Alma en dirección contraria, de regreso a su casa (00:26 h), vio el accidente y paró para prestarles los primeros auxilios. Confirmó que había dos fallecidos y se dispuso a prestar sus servicios a los heridos (no reconoció a ninguno de sus ocupantes). Sin embargo, comprobó que la mujer estaba menos grave que el pasajero del asiento que

227

acompañaba al chófer fallecido — el guardaespaldas—, y se entretuvo con él intentando reanimarlo. Según la declaración que hizo Maillez, Diana pudo haberse salvado si la atención hubiera sido en un hospital y mucho más rápida, pero la tardanza fue justificada como una práctica habitual en Francia que se les pide a los chóferes de las ambulancias que circulen despacio.

El caso es que la ambulancia del SAMU llegó al lugar de los hechos rápidamente (ocho minutos), equipada con un médico y una enfermera del hospital Necker (hospital que se encontraba a tres kilómetros de distancia.)

Esa misma ambulancia que transportaba a Diana con vida paró en varias ocasiones, una de ellas justo al salir del túnel. Y mi pregunta es, ¿por qué tardaron 45 minutos en trasladar a la princesa Diana al hospital de la Pitié-Salpêtrière, que se encontraba a seis kilómetros del lugar del accidente, abriéndoles el camino dos motos policiales? La respuesta que me han dado es que intentaban estabilizarla en la propia ambulancia.

No me siento legitimada para contradecir la respuesta, pero sigue sin convencerme, sobre todo, porque varios de los médicos a quienes he recurrido tampoco estaban de acuerdo. Y aún sigue dándome vueltas otra pregunta para la que no he obtenido 181 contestación: ¿Por qué se saltan varios hospitales más cercanos? Bueno, esta es mi siguiente duda.

Quinta duda: «ese» hospital

Desconozco a quién competía la decisión de a qué hospital llevar a la princesa. Sin embargo, tratándose de París, puedo deducir que todos los hospitales están —o deberían estar—, dotados de la suficiente infraestructura que permita socorrer tanto a un enfermo de urgencias como a un accidentado, como era el caso. No obstante, veo que el hospital al que decidieron trasladar a la herida está a 6 kilómetros de distancia, cuando tenía otros prácticamente a la salida del puente de l'Alma (uno de ellos, el hospital Necker, que estaba a tres kilómetros, y era el que había enviado la ambulancia al lugar del siniestro, precisamente porque estaba más cerca.)

Si realmente la princesa estaba tan mal como para estacionar la ambulancia a la salida del túnel y estabilizarla, puede que también hubiera sido más importante ingresarla en el primer hospital para diagnosticar con más prontitud la gravedad de sus lesiones. Así, yo me pregunto, ¿por qué se saltan dos hospitales que quedaban más cercanos? Las investigaciones concluyen que el elegido —sin determinar aún qué tipo de lesiones sufría la accidentada Diana—, estaba mejor dotado.

Sexta duda: tan rápido en limpiarlo todo

Los expertos en investigación de accidentes de tráfico a los que he preguntado me dicen que suelen tardar varias horas en tomar muestras de vestigios, mediciones de frenadas, cálculo de velocidad, etcétera, cuyos datos plasman después en el preceptivo atestado policial con el objeto de determinar las responsabilidades civiles que puedan haber. Pero, en el caso de este accidente hubo muchas prisas en restablecer la circulación en el túnel d'Alma parisiense, pese a que la afluencia del tráfico de madrugada no tiene la misma

182 intensidad que a hora punta. Y yo me pregunto, ¿por qué limpiaron inmediatamente la escena del «*accidente*»? Pues no he obtenido ninguna respuesta.

Séptima duda: el coche misterioso

Esta es una de las dudas que más llama mi atención. Tanto en la investigación francesa como posteriormente en la británica se omite un dato importante: la mención de un vehículo Fiat Uno de color blanco que estuvo involucrado en el accidente. Hasta el año 2007, los datos de las investigaciones únicamente hablaban de que el Mercedes donde viajaban Diana y Dodi se estrelló en el

Inspección del vehículo tras el accidente.

230

pilar número 13 del túnel de l'Alma, pero nunca hicieron mención de que antes de impactar con el pilar, el Mercedes había impactado levemente con otro coche, un Fiat Uno. Inspección del vehículo tras el accidente.

Me contó Michael Cole —hombre de confianza de Al-Fayed—, que desde que ellos tuvieron pruebas fehacientes de que el coche Fiat Uno había chocado con el Mercedes justo al entrar este en el túnel, lo pusieron en conocimiento de las autoridades británicas, pero solo se tuvo en cuenta en el último informe —informe Paget— que se realizó previo al juicio. ¿Por qué se pasa de largo sobre del vehículo marca Fiat, modelo Uno, de color blanco, que impactó con el Mercedes de Diana antes del choque con el pilar del túnel de l'Alma?

El hecho es que en los peritajes del automóvil que Al-Fayed encargó hacer de forma privada se comprueba y confirma que el Mercedes tiene marcas de pintura blanca por colisión.

Se comprueba también que antes del accidente estaba impoluto, llegando a la conclusión de que ambos vehículos tuvieron que chocar en ese instante de la entrada al túnel. Se indaga en la pintura y se sabe en qué año y en qué modelos se usaron. Pese a ello, ninguna autoridad se preocupa por encontrar ese coche, examinarlo, buscar a su conductor e interrogarlo.

Según las leyes europeas, un conductor que huye del lugar de un siniestro denegando auxilio a las posibles víctimas está cometiendo un delito penado incluso con prisión.

Dos años después del accidente, Mohamed Al-Fayed intenta localizar al conductor del Fiat Uno. Tras meses de intentos, al final el vehículo se encuentra a las afueras de París, calcinado, con una persona muerta dentro, James Andanson, fotógrafo de una agencia de prensa que al parecer se encontraba al servicio de una agencia de inteligencia secreta.

Octava duda: una explosión

Una serie de testigos que se encontraban esa noche fuera del túnel, incluyendo a varios de los paparazzi que seguían al Mercedes, aseguran que escucharon una explosión dentro del túnel y un fogonazo intenso de luz. ¿Por qué no se habla de la fuerte explosión que se escuchó momentos antes del impacto? Ninguna de las 184 investigaciones hace referencia, en sus conclusiones definitivas, a una explosión que se escuchó en el momento del accidente proveniente del interior del túnel, pese a que más de un testimonio lo afirmaba; unos hablaban de una explosión y otros atestiguaban haber visto un gran resplandor. En todo caso, el Mercedes siniestrado no se incendió ni explosionó, por lo que cabe pensar que, si varias personas tuvieron esa percepción, esta sería ajena a la colisión del Mercedes. Vuelvo a pensar en el Fiat Uno.

Novena duda: fogonazo en el túnel

Tanto Mohamed Al-Fayed como su secretario personal, Michel Cole, me manifiestan en la entrevista personal que mantuve con ellos en Londres, que fruto de sus investigaciones saben que se produjo un gran destello luminoso en el interior del túnel. ¿Cuál fue el motivo del intenso fogonazo que hubo en el túnel al

232

mismo tiempo que entraba el Mercedes? Ninguna de las conclusas investigaciones oficiales hace la más mínima mención sobre esta posibilidad, ni siquiera la francesa, después de que un ex agente del MI6 británico (Richard Tomlinson) le manifestase al juez instructor encargado de las investigaciones que conocía de propia mano la manera de actuar de este servicio secreto para atentar contra el presidente serbio Slobodan Milosevic, de manera similar, provocando un accidente deslumbrando al chófer, dentro de un túnel para evitar testigos.

Décima duda: embalsamar sin permiso

Esta duda es la que más me inquieta. A Diana la embalsaman y eso en sí mismo no es extraño. Se hace muchas veces. Pero sí es poderosamente sospechoso que la embalsamen sin hacerle la autopsia y, más aún, sin haber recibido ningún permiso para hacerlo.

En Francia, igual que en todos los países de Europa, cuando hay una muerte por accidente es obligatorio practicar la autopsia para confirmar —o no— que la muerte ha sido fruto de ese accidente. Un cuerpo que se embalsama pierde por completo cualquier dato que se deba practicar en un análisis forense. En primer lugar, se extraen vísceras, y en segundo, se aplica un formaldehído, una sustancia que conserva muestras biológicas pero que borra cualquier dato significativo del cuerpo. Por ejemplo, un posible embarazo. Entonces, ¿por qué embalsaman el cuerpo de Diana sin tener permiso y antes de practicarle una autopsia? Muchas contradicciones aparecen en las investigaciones respecto a este tema.

233

Mis averiguaciones con un experto forense confirman que es extraño que una persona sea embalsamada —sin que nadie lo solicite— antes de practicarse la autopsia, preceptiva en todos los casos de muerte súbita y violenta. Al-Fayed padre está convencido de que el objetivo era intentar ocultar el embarazo de la princesa Diana.

Undécima duda: informe médico desaparecido

Los archivos con los informes hospitalarios de autopsias y partes médicos desaparecieron del hospital (sospechoso). Con ellos también desaparecieron pruebas que nunca podrán volverse a valorar por motivos forenses; los de Diana porque fue embalsamada, y los demás porque o bien han sido incinerados, o bien sus cuerpos ya no permitían nuevos análisis concluyentes. Así que por ese lado nada.

Sin embargo, sí hubo algunos documentos que trascendieron. Uno de ellos, que hace referencia al embarazo de la princesa, fue publicado en varias revistas y rotativos del mundo que gozan de gran prestigio a nivel internacional como la revista Time, o la española Interviú que también lo publicó en su semanario del 29 de diciembre de ese año 1997, con una carta atribuida al anestesiólogo del hospital donde fue atendida la princesa de Gales. Me he informado y, efectivamente, el anestesiólogo que la atendió en el hospital, y que estaba ese día de servicio era el Dr. Pierre Coriat.

Una copia de ese documento acredita que en un análisis de sangre que se le practicó a la princesa Diana al llegar al hospital dio positivo en embarazo, y que esta tenía entre 8 o 9 semanas de gestación. El documento se ha puesto en duda en numerosas ocasiones, ¿cómo no? Pero lo puede consultar más adelante en el apartado del informe de Scotland Yard, Operación Paget. ¿Estaba la princesa de Gales embarazada? Esta ha sido una pregunta clave en la teoría de la conspiración criminal que mantiene Al-Fayed. Sin embargo, y pese a estos documentos que he mostrado, la investigación dijo que no le resultaba concluyente.

El padre de Dodi insiste en ello y, personalmente, me asegura que la princesa Diana estaba embarazada de su hijo Dodi. Mohamed está convencido de que el duque de Edimburgo nunca consentiría que sus nietos, los príncipes Guillermo —futuro rey de Inglaterra— y Enrique, tuvieran un hermanastro musulmán.

Ahora bien, suponiendo que Diana estuviera embarazada, me surge la duda de si el hijo que esperaba era realmente de Dodi Al-Fayed o de Hasnat Khan. Digo, que si ese documento es correcto, y la princesa estaba embarazada de 8 o 9 semanas, aún no había iniciado su relación sentimental con Dodi, y en esas fechas todavía mantenía los últimos coletazos de su relación con el médico pakistaní.

Desgraciadamente, solo quedan estos informes —que la policía pone en duda—, y testimonios de algunas personas que acreditan el embarazo de Diana, que también parece ponerse en duda. Y lo más importante, a día de hoy no existe ninguna posibilidad de poder solicitar la exhumación de su cuerpo —como podría ser el caso—, y realizar nuevas pruebas, inclusive de ADN. No, esto no se puede hacer, en primer lugar, porque se embalsamó y, en segundo lugar, porque sospecho que sus restos fueron incinerados. Muy oportuno todo.

Duodécima duda: anillo ignorado

Hablé con el joyero Alberto Repossi diez años después de haber vendido a Dodi Al-Fayed el anillo de compromiso, el mismo día del «*accidente*», y aún recordaba con desagrado como desde Scotland Yard le habían dado indicaciones para que no cediera las imágenes de Dodi en el interior de su tienda adquiriendo el anillo.

Me reuní con Repossi en sus oficinas de Montecarlo. Me dijo que lo que me iba a contar era una exclusiva y que no pensaba hablar de ello con ningún periodista más. Lo que me dijo, lo adjunto en el recuadro.

TESTIMONIO DE ALBERTO REPOSSI ANTE LA POLICÍA

«*Me interrogaron tres veces. En todas las ocasiones les conté exactamente lo mismo, que no era otra cosa que la confirmación, con todo lujo de detalles, de cómo Dodi compró personalmente el anillo de compromiso en Repossi de París — y digo de compromiso porque, además, así se hizo constar en el recibo de compra que tiene en estos momentos la policía—, y cómo había sido escogido en mi tienda de Saint-Tropez, por la misma Diana de Gales. No obstante, en mi última declaración, a la que también llamaron a mi esposa, nos retuvieron La autora 188 durante cinco horas —separados en todo momento— e interrogando, una y otra vez, sobre lo mismo, hasta que, de pronto, me «amenazaron» para que cambiara el testimonio. Fue muy desagradable, pero no lo cambié. Me mantuve en lo que siempre he dicho. La verdad solo tiene una versión».*

Alberto reconoció haber hecho un comunicado confirmando lo que me cuenta, y haber cedido las imágenes de la cámara a Mohamed Al-Fayed; imágenes que hizo públicas a través de su web, y que aportó como prueba a las investigaciones Paget, donde se minuta todo el video y confirma la compra del anillo, y que fue el mismo Dodi quién lo recogió de la tienda.

Repossi, tiene las cosas claras sobre la muerte de Diana y de Dodi, aunque no se aventura a señalar a nadie. Dice que no le encaja que se trate de un mero accidente.

La autora con el joyero Alberto Repossi en sus oficinas de Montecarlo.

¿Por qué fue amenazado Alberto Repossi, el joyero que fue llamado a declarar por la policía británica?

El Informe Paget minuta todo el vídeo con las imágenes del difunto Dodi y concluye que él mismo estuvo comprando el anillo para entregárselo ese día a su amada, con la intención de comunicar oficialmente su compromiso. Me alegra que se reconozca un hecho evidente.

Decimotercera duda: ¿conspiración?

¿Por qué Mohamed Al-Fayed asegura que hubo conspiración? Son muchas las voces que le tildan de un padre enfadado con la Corona británica por no admitirlo como nacional de ese país y que no sabe encajar la pérdida de su hijo. Que no tiene ninguna admiración por los miembros de la Corona lo pude comprobar al oírle personalmente en su despacho de la quinta planta de los Harrods. Como en ese mismo habitáculo pude ver y comprobar la cantidad de documentos que ha ido recopilando, que si no puedo afirmar que demuestren su tesis de la conspiración, sí, en cambio, me permiten 189 adentrarme en un océano de dudas relativas a que hay muchas casualidades para zanjar el asunto en un mero y fortuito accidente de circulación; avisos de la difunta Diana de que la iban a asesinar simulando un accidente, el anillo de compromiso que él guarda, horas y horas de conversación contándome sus investigaciones, entre las que se incluyen el robo sufrido por el Mercedes siniestrado el mismo día del accidente...

Muchas dudas, que siguen sin tener una respuesta concluyente. Y estas no son más que las que personalmente llaman mi atención, seguramente usted se esté haciendo más.

DUDAS Y PREGUNTAS POR RESOLVER

----

o ¿Quién avisó a los medios de comunicación para que siguieran a Diana y Dodi la noche del 31 de agosto de 1997?

o ¿Quién era realmente Henri Paul?

o ¿Por qué no funcionan las cámaras de seguridad de tráfico esa noche, en el recorrido que hace el Mercedes siniestrado?

o ¿Por qué la ambulancia del SAMU se salta dos hospitales más cercanos, uno de ellos, el mismo que les había enviado la ambulancia?

o ¿Por qué tardan 45 minutos en hacer un recorrido de 6 kilómetros que normalmente no lleva más de 7 o 8 minutos hacerlo?

o ¿Por qué limpiaron inmediatamente la escena del accidente?

o ¿Por qué las investigaciones policiales ocultaron la existencia de un coche Fiat Uno blanco que había estado implicado en el accidente?

o ¿Por qué las investigaciones no hacen referencia a la fuerte explosión que numerosos testigos dijeron haber escuchado antes del impacto?

o ¿Por qué hubo un intenso fogonazo en el túnel al mismo tiempo que entraba el Mercedes?

o ¿Por qué embalsaman el cuerpo de Diana sin permiso y sin haberle practicado la autopsia?

o ¿Por qué desaparecen todos los informes médicos del hospital?

239

o ¿Por qué fue amenazado Alberto Repossi, el joyero que vendió el anillo de compromiso a Dodi Al-Fayed?

o ¿Por qué Mohamed Al-Fayed habla de conspiración?

Dudas, dudas, dudas...

Como he dicho antes, en la muerte de la princesa Diana, las piezas no encajan. He aportado todas las dudas que a fecha actual continúan sin ser aclaradas y a medida que las iba enumerando me surgían otras nuevas. Pienso que todas las sospechas de que el accidente no había sido fortuito tienen su origen en las numerosas preguntas que han quedado sin respuesta.

Es posible que la muerte de Diana fuese oportuna para mucha gente, de ahí que la posibilidad de que no se tratara de un fatal accidente, sino de un asesinato, cobra fuerza en sí misma.

Hasta donde yo he conseguido averiguar, han sido tres las investigaciones que se han hecho desde que Diana y Dodi perdieran la vida en el túnel de l'Alma: la primera, en Francia; la segunda, la privada que realizó Mohamed Al-Fayed; y la tercera, la británica. Esta última se realizó de una forma prácticamente obligada por la información inédita que aportó de su investigación Al-Fayed, y que incluía peritajes, testigos y documentos que no habían sido tenidos en cuenta hasta ese momento.

De hecho, y para ordenar la cronología de la investigación —que tuvo sus más y sus menos— antes de empezar a desmenuzarla con detalle, la podéis ver recopilada en el siguiente recuadro. Es mi intención proporcionaros todos los datos de que dispongo para que

240

usted saque la conclusión. Tanto si fue un accidente, como una cortina de humo que enmascaró un atentado, el mundo necesita saberlo.

CRONOLOGÍA DE LA INVESTIGACIÓN

- 31 de agosto de 1997: Diana, Dodi y el conductor del Mercedes S280, Henri Paul, mueren cuando su vehículo choca en el túnel del Pont de l'Alma, en París, después de haber salido del hotel Ritz. El guardaespaldas Trevor Rees-Jones sufre graves heridas, pero sobrevive. Un cierto número de fotógrafos y un motociclista de prensa son detenidos.

- 1 de septiembre de 1997: Los análisis de las muestras de sangre practicados por la policía francesa indican que Henri Paul estaba borracho. Los cuerpos de la princesa Diana y de Dodi Al-Fayed son repatriados a Londres.

- 2 de septiembre de 1997: Los fiscales franceses abren una investigación oficial encabezada por el juez Herve Stephan. Mohamed Al-Fayed presenta una demanda civil en París y pide que se amplíe la investigación para incluir posibles cargos de violación de la privacidad de Diana y Dodi. Los padres de Henri Paul emprenden una demanda civil.

- 5 de septiembre de 1997: Los magistrados franceses implican a tres fotógrafos más en la investigación por homicidio, llegando la suma total de sospechosos a diez.

- 6 de septiembre de 1997: El funeral de Diana tiene lugar en la abadía de Westminster, visto por millones de personas en todo el mundo. Sus hijos, los príncipes Guillermo y Enrique, caminan por las calles tras el féretro. 2.000.000 de personas salen a las calles de Londres para ver pasar el cortejo fúnebre de seis kilómetros y medio de largo.

- 17 de septiembre 1997: El examen de los restos encontrados en el lugar del accidente, así como muestras de pintura blanca en la parte delantera del Mercedes, 192 sugieren la implicación de un Fiat Uno de color blanco. Se procede a comprobar la identidad de 40.000 propietarios de Fiat Uno, pero sin resultados.
- 19 de septiembre de 1997: El guardaespaldas, Trevor Rees-Jones, afirma que no puede recordar lo que ocurrió.
- Marzo de 1998: El dueño de los Harrods, Mohamed Al-Fayed, dice a los investigadores que cree que el accidente es parte de un complot, e inmediatamente comienza sus investigaciones de carácter privado. Trevor Rees-Jones se reúne con los investigadores franceses después de dar una entrevista para la prensa y recordar dos coches y una motocicleta que seguían al Mercedes.
- Febrero de 1999: Un juez de Estados Unidos rechaza la petición de Mohamed Al-Fayed para acceder a los documentos clasificados del Gobierno, que él cree que podrían ayudar en la investigación del accidente. Los frutos de la investigación de Mohamed Al-Fayed comienzan a dar resultados y presenta una demanda para conseguir ciertos documentos, después de saber que la Agencia de Seguridad Nacional de Estados Unidos tenía 1.056 páginas de información clasificada sobre Diana.
- Julio de 1999: La Corte de Apelación francesa rechaza una petición de Mohamed Al-Fayed encaminada a proseguir con las investigaciones oficiales sobre el accidente.
- Agosto de 1999: Los jefes de defensa de Estados Unidos están de acuerdo en reabrir los archivos de inteligencia que incluyen referencias a Diana, princesa de Gales, siguiendo

242

una solicitud del padre de Dodi. El fiscal francés recomienda desestimar los cargos contra los fotógrafos y el motociclista, y dice que las pruebas son insuficientes para seguir adelante con los cargos.

- 3 de septiembre de 1999: Tras dos años de indagaciones, Hervé Stephan, el juez encargado de la investigación francesa, finaliza sus actuaciones. Henri Paul es acusado y se concluye que estaba borracho y bajo los efectos de medicamentos antidepresivos. Los fotógrafos y el motociclista de la prensa son absueltos formalmente de los cargos de homicidio. El Sr. Al-Fayed anuncia que va a apelar.

- Julio del 2000: Mohamed Al-Fayed pierde su batalla en el Tribunal Supremo para unificar o simultanear las investigaciones en la muerte de Diana y Dodi.

- Noviembre de 2001: Mohamed Al-Fayed pierde una demanda interpuesta por daños y perjuicios por lo que él llamó una «*defectuosa*» parte de la investigación en la muerte de Diana. El padre de Dodi ha exigido 100.000 libras, aseverando que los jueces franceses involucrados en la investigación se equivocaron al no investigar inmediatamente los cargos de invasión en la vida privada contra los fotógrafos que estaban en la escena del accidente.

- Abril de 2001: La Corte Suprema de Francia sostiene la desestimación de los cargos de homicidio contra los fotógrafos y el motociclista.

- Junio de 2001: Mohamed Al-Fayed emprende una lucha judicial en Escocia para conseguir una investigación pública de las muertes.

- 29 de agosto de 2001: El juez de instrucción de la Corte de Gales, Michael Burgess, anuncia que las investigaciones por las muertes de Diana, princesa de Gales, y Dodi Fayed van a seguir adelante.

- Octubre de 2001: Tres de los fotógrafos que tomaron fotografías de Dodi Al-Fayed y de la princesa Diana en el lugar del accidente van a juicio acusados de invadir la vida privada de la pareja.
- Noviembre de 2001: La Corte francesa absuelve a los fotógrafos de invadir la vida privada.
- Diciembre de 2003: Los abogados del dueño de los Harrods informan al Tribunal Superior de Justicia de 194 Edimburgo de que las muertes necesitan una investigación pública. Michael Burgess fija el 6 de enero de 2004 como fecha en la que se hará público el resultado de las investigaciones. Los fiscales franceses apelan contra la absolución de los fotógrafos acusados de invadir la vida privada de Dodi y Diana.
- 6 de enero de 2004: Finalmente, la investigación británica sobre las muertes de la princesa Diana y Dodi Al-Fayed se hacen públicas y se levanta el secreto, más de seis años después de su desaparición. El mismo día, el Daily Mirror publica una carta de Diana a su mayordomo Paul Burrel, escrita diez meses antes de su muerte, en la que ella alega que su ex-marido, el príncipe de Gales, estaba tramando asesinarla mediante un accidente de coche.
- 7 de enero de 2004: El antiguo juez de instrucción de la Corte, John Burton, dice que no estaba embarazada cuando murió. La investigación de Scotland Yard —cuyo nombre en clave es *Operation Paget*— se intensifica. El adjunto al secretario del comisario Alan Brown, un oficial de menor rango, es elegido como jefe de equipo, sustituyendo a Davis Armond.

- 10 de enero de 2004: Scotland Yard se niega a hacer declaraciones sobre el informe en el que agentes de la policía británica de bajo rango decían tener dudas sobre la autenticidad de las muestras de sangre del conductor del coche, Henri Paul. Sir John Stevens sugiere que podría interrogar al príncipe de Gales como parte de la investigación.

- Marzo de 2004: El padre de Dodi, Mohamed Al-Fayed, fracasa en su tentativa de que se lleve a cabo una investigación completamente pública en Escocia. El juez rechaza las alegaciones de que Diana y Dodi fueron asesinados por los servicios de seguridad británicos por ser «especulativas» e «irrelevantes».

- Abril de 2004: Sir John Stevens simula el último viaje de Diana, haciendo el recorrido hecho por el Mercedes en París.

- 6 de julio de 2004: Se inaugura la fuente en memoria de Diana en Hyde Park.

- Agosto de 2004: Una corte francesa encarga una nueva investigación sobre la presunta falsificación de los análisis de alcohol y drogas de Henri Paul. Sus padres siempre han rechazado las conclusiones originales del examen post mortem.

- Enero de 2005: Sir John Stevens deja la dirección de la Policía Metropolitana, pero sigue dirigiendo la investigación de Diana. Se convierte en lord Stevens después de ser nombrado lord.

- Febrero de 2005: El equipo de la policía trabaja para recrear en un modelo informático, en 3 dimensiones, el lugar del accidente.

- Mayo de 2005: Se les dice a los detectives que interroguen a los dos jefes de espionaje de más alto rango, John

245

Scarlett, el director del MI6, y a Eliza Manningham-Buller, la directora general del MI5.

- Julio de 2005: El Mercedes accidentado es llevado a Inglaterra para proceder a los exámenes forenses.
- Septiembre de 2005: Sale a la luz que la investigación va a costar más de 2.5 millones de libras.
- Diciembre de 2005: El príncipe de Gales es interrogado por lord Stevens, quien señala que la investigación se acerca a su fin. Entre las preguntas que le formuló Lord Stevens estaba la de si había tramado asesinar a la princesa.
- Mayo de 2006: Lord Stevens dice que hay nuevos testigos y que se han reunido nuevas pruebas forenses, pero se niega a dar más detalles.
- Julio de 2006: Michael Burgess, juez de instrucción de la Corte, deja las investigaciones, alegando un «*constante y pesado*» volumen de trabajo.
- Septiembre de 2006: La magistrada Butler-Sloss retoma la tarea de las investigaciones. Se anuncia que las audiencias empezarán el 9 de enero del 2007.
- 7 de diciembre de 2006: La jueza británica Elisabeth Butler-Sloss se echa atrás a la hora de llevar a cabo las audiencias preliminares de la investigación en privado.
- 12 de diciembre de 2006: El joyero Alberto Repossi se pronuncia a través de un comunicado de prensa en el que confirma que Dodi Al-Fayed compró un anillo de compromiso para la princesa Diana de Gales.
- 14 de diciembre de 2006: Lord Stevens, ex jefe de policía de Scotland Yard, publica la Investigación Paget.
- 9 de enero de 2007: Se abre la audiencia preliminar.
- Marzo de 2007: Mohamed Al-Fayed demanda a lord Condon, ex comisionado de la policía metropolitana británica y sir David Veness, ex subcomisionado, por

ocultamiento de evidencias en el caso de la muerte de su hijo y la princesa Diana.

- Abril de 2007: Dimisión de la jueza Elizabeth Butler-Sloss.
- 11 de junio de 2007: Se hace cargo de la instrucción el nuevo juez, Scott Baker.
- Agosto de 2013: Una nueva información sobre el accidente, facilitada por los exsuegros de un antiguo soldado de las fuerzas especiales británicas (SAS) es enviada a Scotland Yard.
- 2 de junio de 2015: Scotland Yard descarta la participación de militares en la muerte de Diana y Dodi.

Investigación francesa

Creo que este apartado de investigación va a ser relevante. Es divulgativo, no piense que aquí va a leer un tratado policial o judicial, ni mucho menos. Mi interés es más bien continuar con la autopsia que vengo realizando desde que inicié este libro. La información que aquí dejo proviene de mi viaje a Londres, París, y Mónaco, así como de archivos y alguna otra fuente bibliográfica. Hay una parte de investigación policial, alguna declaración forense, varias fotografías de cómo se encuentra el túnel de l'Alma en la actualidad, y algunas entrevistas con y sin nombre de la fuente.

La investigación francesa sobre las muertes de la princesa Diana, Dodi Al-Fayed y de Henri Paul, así como la del único superviviente, Trevor Rees Jones, comienza lógicamente en Francia y en el mismo momento en el que se produce el accidente. La investigación fue dirigida por la jefe de la brigada criminal, Martine Monteil (ahora directora de la Policía Judicial). En el recuadro de la derecha puede leer sus impresiones. Con ella hablé en el año 2007 —justo antes de celebrarse el juicio del que hablaré unas páginas más abajo—, en una entrevista que le hice, junto a otros compañeros de profesión, en el programa para el que yo trabajaba entonces, Las mañanas de Cuatro.

DECLARACIONES DE LA JEFE DE LA BRIGADA CRIMINAL

Cuando a finales de agosto me avisan a través del Estado Mayor, enseguida comprendo que se trata de un accidente muy grave. Pero, sobre todo, que entre los heridos se encuentra la princesa de Gales. Esto ocurre cuando yo era la jefe de la brigada criminal en Francia. Lo que no era normal era confiar la investigación de un accidente, incluso grave, a un servicio que se dedica a investigar asesinatos, atentados y crímenes. Pero comprendí que, dada la importancia del personaje, quería hacerse una investigación muy precisa, muy minuciosa; como se hubiera hecho en el caso de un asunto de carácter criminal para evitar que diez años, veinte, o treinta años después, se pudiera decir que hubo elementos que fueron dejados de lado. Así que elegimos el cuerpo de investigación más fuerte y mejor organizado de Francia para poder absorber una investigación de la que sabíamos no era una investigación normal de accidente de circulación

248

Organizamos cinco grupos de investigación, es decir, unas treinta personas. Cada uno tenía una misión específica. Uno trabajaba con otro servicio especializado en accidentes de circulación, pero decidí que gente de los míos trabajaran con ellos. Otro grupo se dedicó solo al Mercedes, aunque sabíamos que había otros peritajes. Otro grupo se empleaba en lo que llamamos trabajo de vecindad, es decir, buscar testigos de los hechos que pudieran proporcionar datos de interés. Y después, descubrimos unas huellas blancas que analizamos, y mostraron que hubo un impacto pequeño, muy ligero, entre el Mercedes y un coche, un Fiat Uno, según los análisis de pintura. Hubo que analizar trozos de un piloto trasero de color rojo que encontramos en el suelo. Y, después, otro grupo que se encargó de investigar a las víctimas y, sobre todo, al conductor Henri Paul y el coche. Es decir, que tratamos a la vez y a fondo tres aspectos: las personas, el entorno y las circunstancias materiales.

Creo que al principio el chófer intentó una aceleración en la plaza de la Concorde, para dejar a los fotógrafos detrás, pero se encontró en su camino con un semáforo en rojo, y estos lo alcanzaron.

Los fotógrafos no estaban muy lejos, pero no se puede decir que ellos fueran la causa del accidente.

La causa estriba en que el Mercedes llegó a demasiada velocidad a una curva antes del túnel, una curva que tiene el peralte ligeramente cambiado. Y, sobre todo, el conductor se vio sorprendido por la presencia en el último momento de ese famoso pequeño Fiat Uno que llega por la derecha, lo roza, pierde el control del coche, toca la acera e impacta contra el pilar

Tengo que decir que la primera sorprendida de que le encargaran la investigación del accidente fue la misma Monteil. Según ella dice, su departamento no se encargaba de ese tipo de investigaciones porque su servicio consistía en investigar asesinatos, atentados y crímenes, no accidentes, por graves que estos fueran. Yo también me pregunto por qué le dieron la investigación al departamento de brigada criminal. El examen de todos los datos de la investigación fue llevado a cabo por el juez Hervé Stephan.

Si empiezo por el final, algo que por algún motivo hago muchas veces, le adelanto que el ministerio fiscal francés culpó al conductor del Mercedes, Henri Paul, del accidente y aunque las pruebas no son concluyentes, esa continúa siendo a día de hoy la versión oficial. Esto lo digo para que estéis sobre aviso y podáis ir haciendo vuestras propias anotaciones.

Las conclusiones finales de Francia se dieron a conocer en el año 2004. Tardaron dos años, después del suceso, en concluirla, y siete en entregarla a Scotland Yard, sin que trascendiera ningún dato de la investigación. De hecho, las leyes francesas permiten a las autoridades de este país que los documentos relativos a los fallecidos en Francia, durante los 100 años siguientes a su muerte, solo puedan ser mostrados a los familiares más allegados.

Pues bien, algunos de esos documentos a los que hace referencia el informe policial francés están ahora sobre mi mesa. No es, ni muchísimo menos, lo que me hubiera gustado conseguir, pero le aseguro que basta para hacerse una idea de cómo se llevó a cabo.

El documento que tengo delante —solo le apunto los datos del primer párrafo para no convertirlo en el tratado judicial que he dicho que no haría—, lo encabeza el nombre del magistrado y como sustituta la Sra. Christine De Vidal, y como Tribunal del Primer Caso, el procurador de la república francesa la Sra. Maud Morel Coujard, del Departamento P5 del Derecho Penal General, dando como número de entrada al informe el GG y del caso el número 97245 3009/9, y número de investigación preliminar el 65/97.

El primer dato que aparece en el informe son las fichas de los paparazzi detenidos y procesados. En un principio, la policía francesa 200 detuvo a varios de los paparazzi que esa noche estuvieron fotografiando a la pareja, aunque veinticuatro horas más tarde cambiaron la versión de lo que pensaban había ocurrido. Si daban palos de ciego, o alguien quería una cabeza de turco, es una incógnita que quizá usted podrá deducir a continuación.

PAPARAZZI DETENIDOS POR LA POLICÍA FRANCESA

- Arnai, Serge: Fotógrafo independiente. Nacido en 1961 de nacionalidad francesa. Acusado el 2 de septiembre de 1997 (D796). Bajo custodia: 02/09/97 hasta el 21/10/97.

- Arsov, Nikola: Fotógrafo. Nacido en 1959 en Skopje (Yugoslavia). Acusado el 2 de septiembre de 1997 (D797).
- Darmon, Stéphane: Mensajero. Nacido en 1965 en París. Acusado: El 2 de septiembre de 1997 (D806). Bajo custodia: 02/09/97 hasta el 21/10/97.
- Langevin, Jacques: Fotógrafo independiente. Nacido en 1953 en Laval (Mayenne). Acusado: El 2 de septiembre de 1997 (D803). Bajo custodia: 02/09/97 hasta el 13/10/97.
- Martínez, Christian: Fotógrafo de prensa. Nacido en 1954 en París. Acusado: El 2 de septiembre de 1997 (D813). Libre. Sujeto a restricciones legales. Pendiente de juicio. Fecha de orden: El 2 de septiembre de 1997.
- Rata, Romualdo: Fotógrafo. Nacido en 1971 en Le Raincy (Seine-Saint-Denis). Acusado: El 2 de septiembre de 1997 (D809). Libre. Sujeto a restricciones legales. Pendiente de juicio. Fecha de orden: El 2 de septiembre de 1997.
- Veres, Laslo: Fotógrafo. Nacido en 1943, en Becej (Yugoslavia). Acusado: El 2 de septiembre de 1997 (D800).
- Odekerken, David: Fotógrafo independiente. Nacido en 1971 en Créteil (Valle del Marne). Libre. Sujeto a restricciones legales. Prueba (Juicio) Pendiente. Fecha de orden: El 2 de septiembre de 1997.
- Chanssery, Fabrice: Fotógrafo independiente. Nacido en 1967 en París. Acusado: El 5 de

252

septiembre de 1997 (D1299). Libre. Sujeto a restricciones legales. Pendiente de juicio. Fecha de orden: El 5 de septiembre de 1997.

- Benamou, Serge: Fotoperiodista. Nacido en 1953 en Saida (Argelia). Acusado: El 5 de septiembre de 1997 (D1305). Colocado en custodia: 05/09/97 a hasta el 22/10/97. Cargos: omisión de socorro; homicidio involuntario.

Aclaro que todos estos datos pertenecen a los fotógrafos detenidos en Francia después del accidente. Así consta en el documento policial francés. No obstante, estos detenidos quedaron en libertad, algunos con cargos de no prestar auxilio, que más adelante fueron condenados a la indemnización de 1€.

Dejo constancia aquí de que esta condena a los paparazzi a pagar 1€ de indemnización me parece más el resultado, por parte de la justicia, de no reconocer públicamente la equivocación que habían cometido con ellos que el fruto de un castigo merecido.

Mientras paso páginas y páginas de documentos, tengo la sensación de estar leyendo el guion de una película. Desgraciadamente no es así. Aunque la sensación de ver todo este escenario tan lejano parece que forme parte de la ficción. Mi llamamiento a la realidad se produce cuando hablo con familiares, testigos o personas que lo han vivido y escucho sus testimonios. Es el caso del fotógrafo Nikola Arsov —uno de los fotógrafos detenidos la noche del accidente—, que trabajaba entonces en la Agencia *Sipa Press*, y que

253

días antes de celebrar el juicio habló con mi compañera de Las Mañanas de Cuatro, Carmela Ríos. Nikola revivió para nosotras lo ocurrido aquella noche:

«Fue como una película. El recuerdo que tengo de ese momento es Diana. La imagen de Diana dentro del coche es algo que tengo grabado en el cerebro, una imagen que va a permanecer siempre. Está claro que son imágenes que quedarán, que marcarán mi vida. Es normal, algo así no se olvida, pero al mismo tiempo, creo que aquel día, sobre todo, hice mi trabajo, hacer fotos. Después, los medios de comunicación de todo el mundo se cebaron con nosotros porque éramos presas fáciles. Aprovecharon que estábamos detenidos para decir lo que les dio la gana, y eso para mí ha sido lo más duro, al menos una vez que la policía nos dejó en libertad. Bajé al túnel, de camino a casa, alertado por un motorista de una Agencia, Gamma, que me dijo: "¿No te das cuenta? Es el coche de Diana y de Dodi Al-Fayed". Así que aparqué la moto, bajé al túnel e hice las fotos como todos los fotógrafos que estaban allí. ¿Describir aquello? Todo era triste. Había un cierto comedimiento en el ambiente. Mucho respeto. No nos abatimos sobre ella, todo lo contrario, aunque hay quienes nos acusaron de comportarnos como cuervos, lo que es totalmente falso. Lo que pasó después, ya se sabe. Llegó toda la policía de Francia. Llegaron los ministros y a nosotros nos retuvieron en comisaría 78 horas. No hicimos nada malo, ni facilitamos, ni provocamos el accidente. En mi caso, llegué cinco minutos después de que se produjera y me puse a trabajar. Lo que puedo decir sobre la investigación es que nosotros estuvimos en los locales de la brigada

criminal. Creo, y solo hablo en mi nombre, que estuvimos en manos de grandes profesionales. Pasadas veinticuatro horas retenidos, sabían perfectamente a quién tenían enfrente. Se dieron cuenta de que no éramos ningunos criminales. Si nos retuvieron más tiempo, fue, creo, porque alguien se lo pidió. No pienso en nada especial. Cuando paso por el túnel, eso sí, intento salir lo más rápidamente posible, pero pasar por allí no es algo que me pese en la vida del día a día. Todas las fotos las tiene la Policía Criminal, no sé si un día las devolverán. Además, ¿para qué?, ¿merece la pena difundirlas? Hay que pensar en sus hijos. Personalmente, mejor que se queden donde están».

Y ese mismo día en que emitimos esta entrevista de Nikola Arsov, tuve el privilegio de poder hablar en persona con otro fotógrafo, Eric Mady, que aunque no estuvo presente en el túnel de l'Alma tras el choque mortal, sí que tuvo acceso a hablar con sus compañeros; también trabaja para la Agencia Sipa Pres, la misma en la que también trabajaba James Andanson, el supuesto conductor del Fiat Uno blanco que chocó con el Mercedes siniestrado, y del que hablaré en el siguiente apartado de esta investigación.

Mady compartía el sentir de Arsov. En su opinión, Diana era perseguida por los paparazzi, pero ellos no tuvieron nada que ver con el accidente, ya que ninguno se acercó lo suficiente para poder provocarlo. Según Mady, fue el exceso de velocidad lo que pudo haber provocado la colisión bajo el Pont de l'Alma. No obstante, le pregunté por los fotógrafos que se acercaron al coche accidentado y por sus ocupantes. Su respuesta me provocó escalofríos:

«Diana estaba viva y hablaba.
No decía cosas con coherencia,
pero estaba consciente»

Y, consciente entró en la ambulancia del SAMU, y consciente llegó al hospital 45 minutos más tarde. Volviendo a las investigaciones francesas, y como he comentado hace un momento, las pesquisas policiales parten desde el mismo momento en que es anunciado el accidente en el túnel de l'Alma. Así vivieron los servicios de emergencia franceses los primeros momentos del accidente:

A las 0:26 h del 31 de agosto de 1997, la centralita de la oficina central del cuerpo de bomberos parisiense recibió una llamada de emergencia del código 18 que los informó de un 204 accidente de tráfico serio en el Pont de l'Alma, el túnel en el *8th arrondissement* de París.

En el documento número D55 del informe policial, leo el del aviso que hacen a la policía para que acudan al lugar del siniestro, pero, aunque registran este dato, no lo hacen con la hora en la que se realizó la petición de auxilio a las fuerzas de seguridad francesas. Unos minutos más tarde, fue avisada una patrulla de policía sobre Cours Albert 1er, conducida por los oficiales Lino Gagliardorne y Sebastian Dorzee, que patrullaban por Cours

Albert 1er, y se encaminó hacia el lugar del accidente.

El primer equipo del cuerpo de bomberos parisiense llegó a la escena a las 0:32 h. Dentro del túnel, en la vereda Concorde-Boulogne, los servicios de policía y de rescate descubrieron un vehículo Mercedes negro, modelo S280, con número de matrícula 680LTV75. El vehículo se encontraba en mal estado y muy dañado, descansando contra la pared externa del túnel, enfrentándose en la dirección opuesta al flujo normal de tráfico.

A continuación, el informe detalla el lugar que ocupaban los pasajeros y el estado en el que los encuentran en esa primera visión del accidente, así como los doctores que prestaron los primeros auxilios a las víctimas.

Cuatro personas fueron encontradas dentro del vehículo.

— La señora Diana Spencer, que se encontraba sentada en el lugar derecho del asiento trasero de pasajeros, estaba todavía consciente y agachada en el suelo del vehículo, con su espalda visible.

— A su lado, estirado sobre el asiento trasero, estaba Emad Al-Fayed, que había estado sentando en el asiento trasero de pasajeros y parecía estar muerto. Sin embargo, los capitanes de bomberos todavía intentaron —en vano— resucitarlo, cuando fue declarado muerto por un médico a las 1:30 h.

— Delante del vehículo, se encontraba el conductor, Henri Paul, el gerente de seguridad del hotel Ritz, que había fallecido en el acto y que fue declarado muerto. 205

— El pasajero delantero de la derecha era Trevor Rees-Jones, guardia del cuerpo de seguridad, contratado por la familia Al-Fayed, que estaba todavía consciente y que había sufrido múltiples heridas serias en la cara. — Las bolsas de aire (airbag) de los dos pasajeros delanteros habían funcionado normalmente.

— Tres personas asistieron a las víctimas: el doctor Frédéric Maillez, un doctor «*SOS Médécin*» y dos capitanes de bomberos voluntarios, Dominique Daiby y un segundo de quien no tenemos el nombre. Los tres conducían en la dirección de enfrente en el momento del impacto y, ante la visión del coche accidentado, habían acudido espontáneamente a la ayuda de sus ocupantes.

En el túnel, entre los espectadores que se habían juntado alrededor del vehículo, varios fotógrafos estaban en acción. Los dos policías, Gagliardone y Dorzee, tuvieron problemas manteniendo a los espectadores en la bahía para asegurar la escena y obtener los primeros testimonios, que informaron de que los fotógrafos, que habían llegado a la escena casi inmediatamente, se habían agolpado alrededor del vehículo con el objetivo exclusivo de tomar las fotografías de las víctimas.

Hasta aquí todo lo que he podido conseguir de la investigación francesa sobre la escena del accidente. Sus informes detallados se encontrarán, seguramente, bajo custodia en algún lugar de difícil acceso y máxima seguridad, protegiéndose, como también le he comentado, en que las leyes francesas así lo permiten.

Otra parte del informe —aunque tampoco se ha hecho público— es el que hace referencia a las autopsias y que guarda algunas diferencias con el posterior informe británico —que veremos más tarde—, y que son de especial atención al incluir los datos médicos y de autopsia, que provienen directamente del hospital de la Pitié-Salpêtrière, donde se realizaron dichas investigaciones en los cuerpos de las víctimas.

Concretamente, estos documentos incluyen los informes que hacen referencia a los cuerpos de Dodi Al-Fayed y del chófer Henri Paul, que son los cuerpos a los que se les practicó la autopsia. A Diana no se la hicieron. La examinaron, concluyeron su muerte clínica y directamente la embalsamaron sin permiso alguno. De hecho, esta cuestión —no autopsia y embalsamar su cuerpo— me alarmó tanto que he pedido la opinión de un experto forense que me asegura: «En España —también en Francia—, una muerte por accidente de tráfico es considerada violenta y como tal tributaria de intervención judicial y autopsia (seas el conductor, acompañante o peatón), incluso, aunque el fallecimiento se produzca días o semanas después de los hechos (ocurre con cierta frecuencia en personas que inicialmente ingresan tras el accidente en el hospital y fallecen después del mismo, en el centro sanitario o incluso en otro lugar, si es como consecuencia de las lesiones sufridas).

Diana fue embalsamada sin permiso y sin
practicar previamente la autopsia. Según la ley, una
muerte por accidente de tráfico es considerada
violenta, y como tal, tributaria de intervención
judicial y autopsia

Por supuesto, tenemos que diferenciar autopsia y embalsamamiento. Son dos actos independientes que nada tienen que ver.

Una autopsia se hace para conocer las causas de la muerte o la valoración de una patología que les interese a los médicos por alguna circunstancia; o bien confirmar un diagnóstico, o bien bondad de un tratamiento (autopsia clínica, se hacen en medio hospitalario.) Para saber las causas y las circunstancias de la muerte (autopsia judicial o médico legal, habitualmente muertes violentas o sospechosas o inesperadas, o muertes de las que a priori no se sabe la causa).

En cuanto al embalsamamiento, un cadáver embalsamado ya tiene una manipulación que dificulta la posterior práctica de la autopsia, sobre todo, por la interpretación de los hallazgos que puede ser más compleja. También condiciona de forma muy importante, casi de manera completa, algunos estudios complementarios. Por ejemplo, los análisis toxicológicos. El embalsamamiento implica la utilización de sustancias y mezclas de sustancias químicas que interfieren con esos estudios.

Y lo que yo deduzco de esta aclaración forense es que, en primer lugar, a Diana le tenían que haber practicado la autopsia, al tratarse de una muerte violenta y, en segundo lugar, al embalsamar su cuerpo —lo del

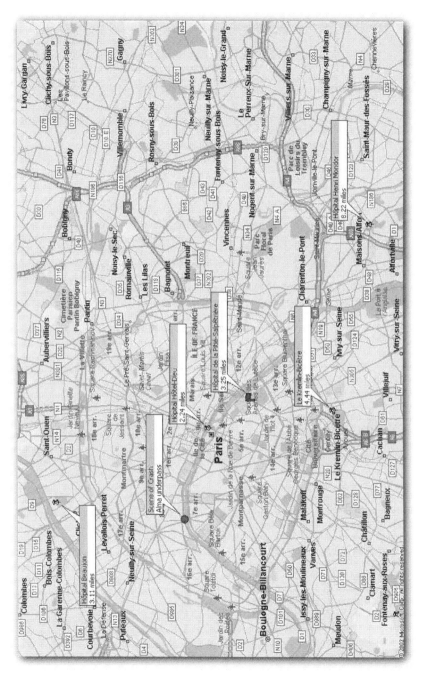

Ubicación de los hospitales más cercanos al lugar del accidente.

permiso para hacerlo ya lo hablaremos—, hace imposible que se pueda averiguar cualquier indicio de criminalidad que pueda encontrarse en su cuerpo, incluso, un embarazo. Un horror.

El tiempo y Diana en el accidente:
  — El Mercedes sale del Ritz: 00:20 h
  — Accidente: 00:26 h
  — Entra en la ambulancia: 1:00 h
  — Llega al hospital (5 km): 2:06 h
  — Muerte clínica: 4:00 h

Lo que sí le hicieron a la princesa, tanto en la ambulancia antes de su fallecimiento como en el hospital, después del mismo, es un examen médico, aunque no aclaran dudas determinantes como por qué no la llevan a un hospital más cercano —existían tres posibles— y por qué tardan 45 minutos en realizar un recorrido de 6 kilómetros a una hora en la que el tráfico de París no es masivo.

En las propias palabras que incluyen el informe médico se dice que «*La señora Diana Spencer recibió el tratamiento de cuidado intensivo de pre-hospital, mientras se encontraba atrapada en los restos del vehículo, del cual, finalmente, fue liberada a las 1:00 h, y durante su traslado en la ambulancia, hasta su llegada al hospital de la Pitié-Salpêtrière, producida a las 2:06 h. Sin embargo, a pesar de la intervención intensiva quirúrgica, los doctores no tenían ninguna otra opción, solo declararla muerta a las 4:00 h*».

El informe, firmado por los profesores Dominique Lecomte y André Lienhart, concluyó que la causa de la

Je soussigné *Professeur Décruée (expert notinel)*

Docteur en Médecine de la Faculté de *Paris*

demeurant à *I. A. L. X. flois 11 A 24 S Paris 12°*

reçus par Monsieur *Madame & précieur COUTARD)*

Officier de Police Judiciaire.

en fonction à (service)

agissant sur délégation de Monsieur le Procureur de la République conform-

mément à l'article 74 du Code de Procédure Pénale, serment préalablement

prêté d'apporter mon concours à la justice en mon honneur et en ma

conscience, me suis présenté le *31. 8. 97*

à *5 h 30*

à (1) *Service d'urgence Hôpital cité - solfétrine*

afin d'examiner le corps identifié par l'enquête judiciaire comme étant

celui d *e* le nommée *Princesse Diana*

âgé de · ans. — *une unique suturé de face transverse frai...*
— *suite plaie suturé du front profondeur*
J'ai constaté : — *clart + croix...*
— *une croix linéaire...*

— *... plage ...*
— *2 plaie suturé ...*
— *... fractur...*
— *... thoracique ...*

De mon examen je conclus

Mort par hémorragie interne dûe à l'épanchement
thoracique et au phénomène de décélération qui a
entraîné une rupture du pericarde ... à la ...
pulmonaire gauche chirurgicalement ...

Fait à *Paris* le *31. 7. 97*

Signature :

Professeur Dominique LECOMTE
Institut Médico-Légal
2, Place Mazas
76012 PARIS

£ 1

Certificado médico de la princesa Diana.

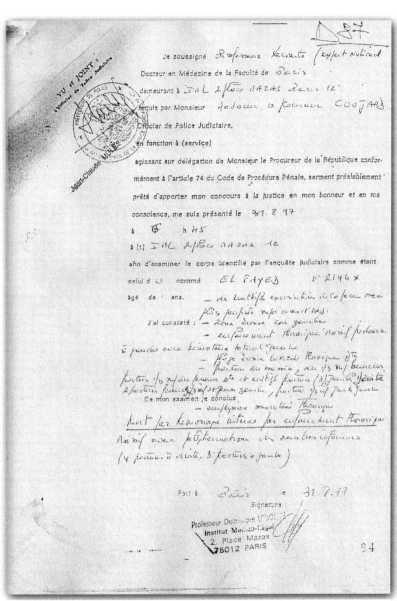

Je soussigné *Professeur Vincente (expert National)*

Docteur en Médecine de la Faculté de *Paris*

demeurant à *...*

requis par Monsieur *...* COUJARD

Officier de Police Judiciaire,

en fonction à (service)

agissant sur délégation de Monsieur le Procureur de la République conformément à l'article 74 du Code de Procédure Pénale, serment préalablement prêté d'apporter mon concours à la justice en mon honneur et en ma conscience, me suis présenté le *31.8.97*

à *...*

à [1] *...*

afin d'examiner le corps identifié par l'enquête judiciaire comme étant celui d[e] nommé *EL FAYED* N° 2146 x

âgé de *...* ans.

J'ai constaté : *...*

Ce mon examen je conclus : *...*

Fait à *Paris* le *31.8.97*

Signature :

Professeur Dominique *...*
Institut Médico-Légal
2, Place Mazas
75012 PARIS

94

Certificado médico de Dodi Al-Fayed.

264

muerte se debía a una herida en la vena superior izquierda pulmonar, junto con una ruptura del pericardio. Los expertos creyeron que fue excepcional, para un paciente que había sufrido tales lesiones intra-torácicas, alcanzar el hospital todavía con vida. La resucitación había sido conforme a regulaciones pre-hospitalización. Según los expertos, el equipo quirúrgico se encuentra fuera de todo reproche y ningún otro quirúrgico o anestesista, ni la estrategia de resucitación, podrían haber prevenido el deterioro en la condición del paciente.

En cuanto al examen de autopsia de Henri Paul y Dodi Al-Fayed, el informe ultima que habían sufrido una ruptura en el istmo de la aorta y la espina dorsal fracturada. En el caso de Henri Paul, una sección medular en la región dorsal, y en el caso de Dodi, una sección medular en la región cervical.

El mismo informe y los mismos expertos indicaron que el origen traumático de las heridas que tenían las tres víctimas, sobretodo las de Dodi y Henri Paul, eran observadas en casos de choques severos, frente a la desaceleración extrema del vehículo, mientras que la explicación a las heridas sufridas por Diana Spencer eran más insólitas y, probablemente, podrían explicarse por la posición lateral de la víctima en el momento del impacto.

Aquí hago un pequeño inciso porque acabo de recordar algo que me dijo Mohamed Al-Fayed cuando hablamos en Londres, y no le faltaba razón.

El Mercedes impacta con el pilar número 13 del túnel de l'Alma, y tres ocupantes mueren en el siniestro, de lo que podemos deducir que el impacto fue brutal. Sin

El túnel en la actualidad.

embargo, a Mohamed le resulta incongruente que en un impacto de esas proporciones, el pilar número 13 solo sufriera un deterioro en la pintura, desconchón que aún no ha sido reparado.

No pude evitar ir a verlo. Efectivamente, el pilar nunca ha sido arreglado, y aún puede verse la misma marca que dejó el coche tras el choque. También me pareció extraño.

Hice algunas fotos para que pudierais pudiera verlo. No pude detenerme dentro para hacerlas como me hubiera gustado, es más, tuve que pasar varias veces por el túnel para conseguir alguna de mayor calidad y esto es lo que conseguí.

***Los paparazzi, cargaron con toda
la responsabilidad, en un primer momento,
para desmentirlo la justicia 24h después.***

266

Y si decía al principio que el orden que sigue mi libro es un tanto abstracto, no digo nada del orden que establece esta parte del informe que estoy contando; le aseguro que sigo al pie de la letra su propia estructura. De nuevo hablan del inicio de la investigación que vuelve a hacer referencia a los paparazzi, los mismos a quienes, en un primer momento, cargaron con la responsabilidad del accidente para desmentirlo en solo 24 horas.

Aunque resulta mucho más pavoroso que pusieran esta investigación en manos, insisto, de la brigada criminal de la policía parisiense. De hecho, si se trataba de un accidente de tráfico, la brigada criminal —vuelvo a insistir— no tenía que haber aparecido en ningún momento, salvo que se sospechara que el accidente no podía ser tratado, al menos en un principio, como tal.

Aunque hay otro tema que me deja sin aliento. En el accidente está involucrado un sospechoso Fiat Uno de color blanco (esto ya lo vengo adelantando, aunque vuelva a ello después con mucha más información.) Por algún motivo, este coche que choca con el Mercedes siniestrado no para para socorrer a los accidentados, y tampoco se le sigue la pista. Y más aún. La brigada criminal que llamó a declarar a todas las personas que se hallaban en el lugar del accidente, catalogando sus testimonios en diferentes documentos, no mencionan a la pareja de abogados que vio, desde la ventana de un hotel cercano como un Fiat Uno de color blanco salía del túnel instantes después de haber escuchado el impacto del Mercedes.

APERTURA DE LA INVESTIGACIÓN
FRANCESA

(2 septiembre de 1997)

El Departamento de Procesamiento parisiense, que inmediatamente envió a un representante a la escena, confió la investigación del caso a la brigada criminal parisiense de policía, que dirigía Martine Monteil, ahora directora de la Policía Judicial. Varios fotógrafos de prensa (Christian Martínez, de la agencia Angely; Romualdo Rata, de la agencia Gama; Stéphane Darmon, su compañero, Jacques Langevin, de la agencia *Sygma*; Serge Arnai, de la oficina de prensa de *Aceros*; Laslo Veres, el fotógrafo independiente; y Nikola Arsov, de *Sipa Press*) fueron interrogados debido a su actitud en la escena del accidente (Documento 792).

Este matrimonio se puso en contacto al día siguiente con Mohamed Al-Fayed y también con la policía, pero su declaración tardó muchas semanas en realizarse. A mí esto también me perturba.

El siguiente camino que explora la investigación es sobre el chófer, Henri Paul, que esa noche conducía el Mercedes y que murió junto a Diana y Dodi.

El informe hace hincapié en el alcoholismo de Paul y su adicción a los fármacos, pero sin mencionar que, en la autopsia, también incluida en los documentos que aportan, aparece un hígado sano, algo improbable si el alcoholismo es patente, digo yo.

Por otro lado, tampoco mencionan que el chófer, apenas unos meses antes, pasó unos exámenes médicos para sacarse la licencia de piloto de aviación —licencia que obtuvo—, y que no hubiera sido posible si este hubiera sido consumidor habitual de alcohol. Está claro. Lo que sí recalcan son las cifras. Dicen los expertos franceses que el cuerpo de Henri Paul mostraba la presencia de un nivel de alcohol puro por litro de sangre de entre 1.73 y 1.75 gramos, que son muy superiores, en todos los casos, al nivel legal.

Asimismo, tanto estos análisis revelados como aquellos realizados sobre las muestras del pelo y la médula ósea del difunto confirmaban que él consumía *Prozac* y *Tiapridal* con regularidad; ambas medicinas no son recomendadas para conductores, ya que provocan un cambio de la capacidad de reacción, en particular cuando son tomadas en combinación con el alcohol.

Finalmente, la cantidad de *transferrin* en la sangre mostró un nivel de 32 UI/I, compatibles, según los expertos, con un alcoholismo crónico.

Ahora bien, los especialistas particulares contratados por Mohamed Al-Fayed aseguran que es imposible que esos resultados provengan del cuerpo de Henri Paul, ya que, de ser así, tanto la cantidad de alcohol encontrada como la de monóxido de carbono (que ya le contaré) no hubieran permitido que Henri actuara con normalidad ni controlara sus movimientos, circunstancia que no se dio, ya que las cámaras que lo grabaron a su salida del Ritz 215 no mostraron ninguna dificultad en sus movimientos ni en la forma de caminar.

Y aquí cuento lo más espectacular de todo. En el hospital confundieran los cuerpos de Dodi Al-Fayed y de Henri Paul, identificándolos con el mismo número. La profesora Dominique Lecomte, responsable del caso, registró el cuerpo del chófer con el número 2146, que ya había sido dado al cuerpo sin vida de Dodi Al-Fayed. Y aunque la investigación francesa no se pronunció en esta cuestión, el informe de Scotland Yard habla de este error de gran importancia, por lo que abrió una investigación hacia la patóloga, temiendo que las muestras de sangre, que presumiblemente anticipaban que Henri Paul había conducido bajo los efectos del alcohol, pudieran resultar erróneas.

Si a esto le añadimos que su médico Dominique Melo asegura que nunca bebía alcohol en exceso, y que sus amigos confirman que a Paul solo le habían visto beber en ocasiones sociales, pienso que se le puede dar la razón a los padres de Henri Paul que disputan la autenticidad de las pruebas que practicaron a su hijo. Aunque a mí ya me habrían convencido únicamente con la confusión en la identificación del cuerpo.

En el hospital confundieron los cuerpos de Dodi Al-Fayed, y el chófer Henri Paul, identificándolos a ambos con el número 2146

Le digo en serio, que las anomalías en todo lo que acontece en esta investigación, y también en los hechos que sucedieron la noche del 31 de agosto, son colosales. Sumo y sigo.

El Mercedes S280, en el interior del cual perdieron la vida Diana, Dodi, y Paul, pertenecía a la empresa *Etoile*

270

Limousine y había sido alquilado por el hotel Ritz, su único cliente. El vehículo fue examinado por los expertos de *Institut de Recherche Criminelle de la Guardia Civil Nationale* (IRCGN), y más tarde por Nibodeau-Frindel y Amouroux, los expertos comisionados por los magistrados de la investigación, quienes concluyeron que el vehículo tenía la mecánica perfecta.

Jean-François Musa, gerente de *Etoile Limousine*, confirmó que el 31 de agosto el vehículo no tenía ningún rastro de daño accidental o rasguños. En cambio, tras el accidente, las investigaciones mostraron rastros de color blanquecino, tanto sobre el ala derecha delantera como sobre el cuerpo del espejo del ala derecha.

También, la investigación adicional realizada por el IRCGN mostró rastros, tanto sobre el ala derecha delantera como sobre el cuerpo del retrovisor externo, que vino del mismo vehículo, cuyas características técnicas correspondieron a un vehículo que hace referencia al color blanco y construido en Italia en el período de 1983 a final de agosto de 1987.

El Mercedes S280 en el que murieron Diana, Dodi y Henri Paul fue robado antes del accidente.

No obstante, y aunque todo esto es muy interesante, no se menciona que el Mercedes en el que perdieron la vida Diana y Dodi fue robado antes del accidente, y posteriormente encontrado por la policía y devuelto a la empresa de alquiler *Etoile Limousine*.

Pese a que esto había sido tratado como un mero rumor, hablé con el gerente de la empresa, Jean Françoise Musa, y me confirmó el hecho, diciendo que el vehículo fue robado en el mes de abril de 1997, unos cuatro meses antes del accidente, y que las condiciones del vehículo no eran las más óptimas cuando lo recuperaron por lo que él lo llevó a reparar.

La revista española Interviú, publicó un reportaje en diciembre de 1997, en el que habla del embarazo de Diana de Gales y del coche accidentado que dejo escrito en el recuadro.

REVISTA *INTERVIÚ*, DICIEMBRE DE 1997

Las fuentes de los servicios de inteligencia consultadas por *Interviú* insisten en que el cigüeñal del coche apareció con varios puntos de rotura, cuando lo lógico es que esa pieza se quiebre por el punto donde se produjo la colisión contra la columna, por lo que no es descabellado pensar que el cigüeñal hubiera sido trabajado previamente.

Otro de los elementos que ofrecen dudas son las marcas de neumáticos sobre el asfalto, que denotan un giro brusco del vehículo instantes antes de la colisión. Lo que no queda explicado es por qué Henri Paul, el conductor, da el volantazo...

Medios conocedores de los sistemas que emplean los servicios de inteligencia en situaciones complicadas apuntan otra hipótesis... El giro brusco «*se pudo deber a algo que violentó al conductor, como una explosión en el motor, por ejemplo*». Una pequeña cantidad de explosivo produce una vibración suficiente como para provocar un volantazo «*hasta en el conductor más experto*».

La misma fuente también asegura que es factible manipular un motor para que cuando alcance determinado número de revoluciones, «*o bien explosione una pequeña bomba o bien sea imposible frenar o reducir la velocidad*».

De este asunto hablé con un directivo de la empresa Mercedes. Él veía imposible que en un vehículo de alta gama como es el Mercedes S280 murieran tres personas en ese choque. Así me lo cuenta: «*Por supuesto, la carrocería es normal que resultase tan dañada —lo provoca precisamente el sistema de seguridad con el que está equipado—, pero contra un pilar, y a la velocidad que iban, 90 km/h, es muy difícil que murieran los tres*».

No obstante, tengo que apuntar que la versión oficial, tanto de este informe como el de Scotland Yard, aseguran que el accidente fue causado por el grado de alcoholemia que tenía en sangre el conductor en el momento en que huían de los paparazzi. Lo repito porque insisten.

Debido a la complejidad de las investigaciones, el juez que presidía el tribunal de París hizo que en los informes se manifestase el contexto en el cual el equipo de seguridad, los chóferes y los fotógrafos habían interactuado con el Mercedes, y el efecto que todos tuvieron antes y después del accidente.

La reflexión anotada comienza con el último día en París de Diana y, aunque ya he dedicado algunas páginas a hablar más profundamente sobre ello, me parece oportuno incluir aquí lo que dice por estar expuesto desde la perspectiva de seguridad y los paparazzi, y no únicamente de Diana y Dodi:

«La llegada de la pareja a París y sus movimientos durante el día del 30 de agosto de 1997 movilizó a un número creciente de fotógrafos y de prensa.

La señora Diana Spencer, princesa de Gales, y su amigo, Emad Al-Fayed, habían aterrizado en el aeropuerto de Le Bourget la mañana del 30 de agosto de 1997 procedentes de Cerdeña, donde habían finalizado un crucero por el Mediterráneo, durante el que ambos habían sido seguidos por un gran número de fotógrafos de la prensa mundial.

La pareja fue acompañada por dos guardaespaldas ingleses, empleados por la seguridad privada de la familia Al-Fayed, Trevor Rees-Jones y Kieran Wingfield.

Dos vehículos les esperaban, un todo terreno de gama conducido por Henri Paul, gerente de seguridad del Hotel Ritz, contratado por el padre de Emad Al-Fayed, Mohamed Al-Fayed, y un Mercedes S600, conducido por Philippe Dourneau, el conductor oficial de Mohamed Al-Fayed cuando este estaba en Francia.

La princesa no había informado a la embajada de Gran Bretaña de su presencia en Francia y no había solicitado ninguna protección particular de las autoridades francesas.

Los miembros de la prensa que estuvieron presente a su llegada al aeropuerto fueron: Fabrice Chanssery, que conducía un Peugeot 205 de color gris carbón, con matrícula número 5816 WJ 92; David Odekerken, que conducía un Mitsubishi beige, matrícula número 520 LPZ75; Romualdo Rata y su conductor, Stéphane Darmon, sobre una motocicleta azul oscura marca Honda y matrícula número 302 LXT75; y Alain Guizard, de la agencia Angely, que estaba en un Peugeot 205 de color gris azul y matrícula número 3904 ZR 92, acompañado por tres motociclistas de prensa de la misma agencia».

El inicio del siguiente párrafo es de especial importancia para mí porque confirma —siempre se había negado este hecho—, el momento en el que la pareja visita la residencia que Al-Fayed tiene en Bois de Boulogne, la residencia Windsor —así lo ratifica Ruben Murrell, guardia de seguridad de Villa Windsor—, donde me dijo Mohamed Al-Fayed que posiblemente irían a vivir Diana y Dodi en el momento en que contrajeran matrimonio.

Después de un desvío a una de las residencias de la familia Al-Fayed, el chalet Windsor, situado sobre Bois de Boulogne, Diana Spencer y Emad Al-Fayed fueron al hotel Ritz. Durante los diferentes viajes, los fotógrafos terminaron por perder de vista a los vehículos, y solo Alexander Wingfield recordó el comportamiento peligroso de algunos de ellos durante el camino.

Trevor Rees-Jones y Philippe Dourneau, de otra parte, declararon que los fotógrafos siempre permanecían detrás del Range Rover. Aproximadamente a las 18.00 h, la pareja, todavía en el Mercedes conducido por Philippe Dourneau, regresa al hotel de la familia Al-Fayed.

Durante este tiempo, Henri Paul, que no estaba de turno esa tarde, había abandonado el hotel Ritz, aproximadamente a las 19.00 h, diciendo al guardia de seguridad, François Tendil, que estaría localizable en su teléfono móvil.

Claudio Roulet, el ayudante de Franck Klein, el gerente del hotel Ritz, que no estaba en París en ese momento, a petición de Emad Al-Fayed había reservado una mesa para la pareja en un restaurante en la capital, donde él había ido a esperarlos.

Roulet canceló esta reserva aproximadamente a las 21.00 h cuando Emad Al-Fayed le dijo que, debido a la gran cantidad de periodistas que les esperaban, ellos cenarían en el Ritz con la esperanza de conseguir algo más de paz.

A pesar de estas precauciones, cuando el Mercedes y el Range Rover llegaron a Vendôme, los fotógrafos les habían seguido de Arsène Houssaye, y delante del hotel había una gran muchedumbre de espectadores curiosos y periodistas.

Esta situación molestó a Emad Al-Fayed, como declararon Trevor Rees-Jones y Alexander Wingfield, quien añadió que, no siendo de hecho consciente del cambio de programa hasta el viaje al Ritz, ellos eran incapaces de prever las dificultades.

Trevor Rees Jones indicó: «*Dodi tomó una parte activa en medidas de seguridad. Él era el "jefe" y, además, nosotros no conocíamos el programa por adelantado, solo él sabía el programa*».

Henri Paul fue informado del incidente por François Tendil, quien tomó la iniciativa de volver al hotel, imágenes que fueron tomadas sobre las 22:07 h por las cámaras de vigilancia del establecimiento. Entonces, Henri Paul, con dos guardias más, consumió, en la barra del bar del hotel, dos copas de Ricard.

Respecto al cambio decidido por Dodi Al-Fayed, el informe indica que en cuanto Dodi llegó al Ritz, llamó a Thierry Rocher, gerente de noche del hotel, para informarle de la situación. Este le dijo que Henri Paul había regresado porque él se lo había pedido, ya que iban a necesitar un tercer vehículo, a su disposición en la rue Cambon, detrás del edificio, ya que los dos vehículos usados por la pareja durante el día se quedarían en el Place Vendôme para crear una distracción hacia los paparazzi.

Continúan los informes relatando que tanto Trevor Rees-Jones como Alexander Wingfield confirmaron que la decisión de usar un tercer vehículo había sido tomada por Dodi y que fue él quien había pedido a Henri Paul conducir el Mercedes, además de decirle a Trevor Rees-Jones que debería acompañarlos.

Los dos guardaespaldas explicaron a la policía que ellos habían expresado su desacuerdo con estas disposiciones, solo porque ellos dos debían separarse. Ninguno de ellos, sin embargo, expresó cualquier reserva sobre la capacidad de Henri Paul de conducir.

Ellos declararon que nada en su comportamiento los condujo a pensar que estaba bebido y que tampoco habían visto el tipo de bebidas que había consumido.

De hecho, de los cuatro empleados responsables de la barra esa tarde, solo Alain Willaumez notó que Henri Paul había bebido; Thierry Rocher, quien fue a decir a Henri Paul las instrucciones de Dodi, encontró que su comportamiento era completamente normal, aunque declaró que, al comunicarle los propósitos de Dodi, Henri Paul le había contestado que «*él iba a terminar su Ricard con el inglés*». Henri Paul había sido empleado en el Ritz en 1985. A nivel privado, sus mejores amigos, sus vecinos... decían de él que era un hombre relativamente «*tímido*», aunque al mismo tiempo «*disfrutaba de la vida*».

Nadie pareció haber notado la existencia de un problema vinculado al alcohol.

Jean François Musa, quien sin embargo admitió el empleo del vehículo a pesar de saber que Henri Paul no poseía la licencia para conducir este tipo de vehículos, justificó que él no podía rechazar lo que solicitaron, ya que los eslabones comerciales que le unieron al Ritz como su único cliente le dejarían en descubierto para utilizar a la competencia que ofrece la empresa Murdoch.

Hacia la medianoche, Philippe Dourneau y el Jean-François Musa simularon una salida falsa de la pareja, desde la puerta principal, en la plaza Vendôme, incorporándose en el Mercedes 600 y en el Range Rover. Varios periodistas notaron que Henri Paul se comportaba excepcionalmente hacia ellos esa tarde, incluso visitándolos en la puerta del hotel y anunciando la salida de la pareja como inminente. Varios lo describieron con «*risas y un estado general alegre*».

Federico Lucard, el chófer joven responsable de conducir el Mercedes S280 hasta la plaza Cambon, confirmó las charlas «*joviales*» entre Henri Paul y los periodistas, e incluso añadió —aunque él solo lo describiera— que, cuando Henri Paul recogió el Mercedes en Cambon, le escuchó decir a los periodistas presentes: «*No traten de seguirnos, ustedes nunca nos cogerán*».

Previendo la posibilidad de la salida de la pareja por detrás del edificio, Serge Benamou, Jacques Langevin, Fabrice Chanssery y Alain Guizard se dirigieron hacia Cambon, desde donde observaron, tanto la llegada del Mercedes S280 como la salida de la pareja. Entonces, advirtieron del engaño a Rata Romualdo, Christian Martínez, Serge Arnai y David Odekerken, quienes se habían quedado delante del hotel.

Jacques Langevin, Fabrice Chanssery y Serge Benamou tomaron unas fotografías de la pareja hasta que el Mercedes partió a gran velocidad, sobre las 00:20 h en el reloj de la cámara de vigilancia del hotel.

Todos ellos siguieron el camino del Mercedes. Así, Romualdo Rata, Stéphane Darmon, Serge Arnai y Christian Martínez declararon que, tras parar en un semáforo en rojo de la plaza Concorde, el Mercedes aceleró a gran velocidad a lo largo del río, y que ellos, rápidamente, lo perdieron la vista disminuyendo su velocidad en la salida del primer túnel, y pensando que el Mercedes 223 podría haberles esquivado, aunque ellos decidirían seguir por el mismo lugar, solo viendo el Mercedes, otra vez, complicado en el accidente, por lo que se acercaron al túnel de l'Alma.

Serge Benamou también había seguido al Mercedes, pero se desvió en la primera salida del túnel, llegando posteriormente al Pont de l'Alma.

Jacques Langevin, mientras tanto, explicó que había aparcado su coche en la rue Cambon, y después se desvió hacia Vendôme, donde había quedado con algunos amigos para cenar. Resultó casualidad que, después de un rato, él siguiese el mismo camino que el Mercedes.

David Odekerken siguió al Mercedes hasta el semáforo rojo de la plaza Concorde. Después decidió que no continuaría con la persecución, aunque sí pudo ver al Mercedes partir desde el semáforo a gran velocidad, seguido del vehículo de Serge Arnai y Romualdo Rata. Después se dirigió a su casa, que casualmente seguía la ruta del Mercedes.

Por consiguiente, ninguno de los fotógrafos admite que «*persiguieron*» el coche que llevaba la pareja, ni que habían impedido su ruta o habían tomado fotografías por el camino. Ninguno de los negativos encontrados tenía fotos del viaje. Como tampoco admiten haber estado tan cerca del Mercedes como para haber visto el accidente.

Extracto del informe policial francés:
«Ninguno de los negativos encontrados a los fotógrafos tenía fotos del viaje desde la salida del hotel Ritz, hasta el impacto del Mercedes en el Pont de l'Alma»

También había tres fotógrafos más que fueron investigados y que aseguran no haber intentado seguir al Mercedes: Laslo Veres se quedó delante del Ritz y solo tuvo noticia del accidente más tarde, tras una llamada telefónica de Serge Benamou. Las cámaras de vigilancia de Ritz confirmaron su historia, a las 12:26 h. 224

También Fabrice Chanssery declaró que, de acuerdo con David Odekerken, él había decidido no seguir al coche y que desde la Concorde había tomado el trayecto por los *Champs Élysées*, donde una llamada de David Odekerken lo informó del accidente.

Finalmente, Nikola Arsov se había quedado delante del Ritz con algunos otros fotógrafos, incluyendo a Pierre Hounsfield, y habían seguido al Range Rover y al Mercedes 600 hasta los *Champs Elysées*, desviándose después por la avenida Wilson, donde él había abandonado la persecución de estos dos vehículos y se había incorporado a Cours Albert 1er para llegar al Pont de l'Alma.

En cuanto a los testigos que notaron la presencia de motocicletas detrás del Mercedes, así como un comportamiento molesto por parte de estos, no supieron declarar qué tipo de motos eran ni el número de matrícula, ni siquiera, si estas eran de los paparazzi.

Finalmente, los mencionados testigos coinciden en que una motocicleta seguía estrechamente al Mercedes en el momento del accidente, pero todos ellos se mostraron incapaces de dar descripción alguna con un mínimo de detalles. Tal vez, insisto, porque no era un paparazi.

De esta manera, el único sobreviviente del accidente, Trevor Rees-Jones, sufriendo una amnesia derivada de las graves heridas del accidente, no recordaba nada del viaje entre el Ritz y el túnel de l'Alma, y no fue capaz de suministrar la información exacta sobre el trayecto del viaje.

La única cosa que Trevor podría confirmar era la presencia de una scooter detrás de ellos en el momento en que se alejaban de la rue Cambon y una pequeña luz de coche, así como en la parada en los semáforos sobre la Concorde, la presencia de una motocicleta en sus lados, antes de que el Mercedes se apresurara rápidamente para alcanzar la primera posición.

Y, después de exponer todos los movimientos de fotógrafos, coches, y seguridad privada, en las horas previas y posteriores al accidente, el informe francés termina: *«Para concluir, no es posible determinar exactamente qué personas siguieron el Mercedes 225 durante todo el viaje y quiénes estuvieron presentes inmediatamente después del accidente. Tampoco los que habían tomado la misma ruta que el Mercedes saben decir su comportamiento en el camino, ni la velocidad exacta a la que circulaba. De la misma manera que no pueden estimar, con ninguna certeza, a qué distancia se encontraban del vehículo cuando este se metió en el túnel. Finalmente, y teniendo en cuenta las conclusiones técnicas de los expertos IRCGN, podemos declarar que ninguno de los vehículos usados en ese seguimiento corresponde al Fiat Uno de color blanco que, probablemente, colisionó con el Mercedes».*

Así, sin encontrar pruebas concluyentes que involucraran a estos periodistas y fotógrafos, la policía francesa varió su primera posición de que estos eran culpables e incluyó en el informe policial que no había evidencia alguna que les responsabilizara del trágico suceso. De ahí, la indemnización de 1€.

Del análisis de las causas y la responsabilidad respecto a los delitos de homicidio involuntario lo que dice es: «*Ante todo, conociendo el papel que posiblemente había jugado en el accidente el Fiat Uno, cuya existencia fue revelada por los rastros encontrados sobre el Mercedes, los informes de los expertos — Nibodeau- Frindel y Amouroux— han subrayado que su papel solo podría haber sido pasivo —el contacto entre el Mercedes y el Fiat Uno solo consistió en un roce simple—, y añaden que el conductor de ese vehículo no ha sido identificado —lo fue dos años después, ya hablaremos de ello—, a pesar de las investigaciones sumamente largas y detalladas que ha efectuado el equipo de investigación, que solo tenía, como información el testimonio de un par de conductores, quienes habían informado del comportamiento anormal del conductor de un Fiat Uno de color blanco que cruzaba el Pont de l'Alma en dirección Boulogne y que la velocidad de este era visiblemente inferior a la del Mercedes».*

Y digo, en una sociedad repleta de vigilancia, de seguridad y de cámaras, donde el sistema nos vigila constantemente, inclusive a través de satélites, ¿cómo les pudo quedar sin localizar un automóvil matriculado e implicado en un accidente con víctimas? No doy crédito. La cuestión es que después de leer todo lo disponible de la investigación francesa me quedo en ascuas sobre la posible implicación de este automóvil en el desenlace del accidente.

Otra cosa en la que yerra el informe francés es en la velocidad a la que iba el Mercedes en el momento de su impacto con el pilar número 13 del túnel de l'Alma. Según Frindel y Amouroux, la velocidad a la que iba el vehículo antes de la colisión rondaba entre un máximo de 155 km y un mínimo de 118 km, con un margen de error de más o menos del 10%, atribuyendo las causas directas del accidente a esta velocidad excesiva que había hecho que el vehículo fuera difícil de controlar, más aún debido a la presencia del Fiat Uno a la entrada del túnel. Sin embargo, las investigaciones posteriores han demostrado que el vehículo entró en el túnel a la velocidad de 90 km. Obviamente, el Fiat tuvo mucho que ver.

Otro apunte de los documentos franceses que me parece curioso como lo recalcan es que tanto Dodi como la princesa Diana habrían sobrevivido al accidente si ambos hubieran llevado sus cinturones de seguridad. Curiosamente, ninguno de los ocupantes del Mercedes siniestrado llevaba puesto el cinturón cuando salieron precipitadamente del hotel Ritz, aunque sí lo tenía Trevor Rees-Jones, que se lo habría abrochado momentos antes de entrar en el túnel.

Por consiguiente, lo que los expertos franceses relatan como conclusión es el estado de Henri Paul:

«La causa directa del accidente es la presencia, al mando del Mercedes S280, de un conductor que había consumido una cantidad considerable de alcohol combinada con el hecho de que él, recientemente, había tomado la medicación, además de conducir a una velocidad no solo más rápida que el límite de velocidad máximo en esas áreas, sino también excesiva, teniendo en cuenta que ante él se encontraba un vehículo que circulaba mucho más lento. Por lo tanto, la pérdida de control del vehículo por el conductor en el túnel de l'Alma constituye la causa principal del accidente. Ahora, cualquier posibilidad de perseguir este caso es extinguida por el hecho mismo de su fallecimiento por lo que no se pude imponer ninguna acción pública».

La investigación francesa no menciona que el chófer, Henri Paul, acababa de aprobar unos exámenes médicos para sacarse la licencia de piloto de aviación —licencia que obtuvo—, y que no hubiera sido posible si este hubiera sido consumidor habitual de alcohol.

Evidentemente. A Henri Paul no se le puede imponer ninguna sanción por conducir ebrio, ni con exceso de velocidad, como tampoco se le pueden repetir las pruebas para ver si todas esas acusaciones (muy importantes, ya que forman parte de la conclusión a la que se llega tras la investigación para asegurar cuál fue la causa del accidente y, de esta manera desestimar cualquier otra posible razón como podría ser un atentado o crimen), ya que las muestras del cuerpo que utilizaron para extraer esos resultados no se sabe de qué cuerpo eran al haber puesto el mismo número en la morgue a Dodi y a Paul y no ir acompañadas de las muestras de ADN (incluso veremos más adelante que parte de las muestras podrían pertenecer a otra tercera persona). Y si se está preguntando por qué no volvieron a repetirlas (yo me estaba haciendo la misma pregunta): porque se supo demasiado tarde.

Pero el dato más relevante de todos es el del ADN. ¿Es posible que en un caso tan importante, con víctimas tan mediáticas, el laboratorio no extraiga de los cuerpos una muestra del ADN que justifique que los análisis son de cada uno? Sin esta prueba, ¿cómo se puede estar seguro de a quién pertenece? Obviamente, estoy hablando de una investigación judicial, circunstancia en la que se supone se deben tomar las medidas oportunas para justificar todas y cada una de sus conclusiones. Pues no lo hicieron.

El caso es que puede tratarse de un error inocente del laboratorio, o no. Usted dirá. Pero con las concentraciones de alcohol y psicofármacos que presentaban los análisis de Paul no me parece que pudiera mantenerse en pie y tanto las cámaras del Ritz, como los testigos que estuvieron con él esa noche, 228 manifiestan que hablaba con coherencia, no temblaba y caminaba con normalidad.

Por otro lado, me alarma lo que viene a concluir en este punto el informe al señalar que no localizar al vehículo con el que el Mercedes colisiona, se puede quedar sin resolver, en cambio, la intoxicación etílica de

Henri Paul debía ser castigada y solo debe quedar en el olvido debido a su fallecimiento.

Para finalizar el informe, este resume en unas páginas cómo sucedieron los hechos, intentando, con gran exactitud —aunque a mi parecer obviando circunstancias importantes—, la secuencia de los acontecimientos después de ocurrir el accidente y tomando como partida la información que iban recibiendo y de qué teléfonos provenían. Es un buen dato para poder reconstruir los hechos tras el accidente, desde la perspectiva policial.

La primera fuente viene de la grabación de las cámaras de seguridad del hotel Ritz, donde el reloj interno indicó la salida del Mercedes S280 a las 00:20 h. La siguiente información se debe a una llamada al número 18, que pertenece al teléfono de urgencias de los bomberos de París, recibida a las 00:26 h y realizada por el doctor Maillez, quien llegaba a la escena del accidente en ese momento. A continuación, la llamada al número 17, el de la policía, registrada a las 00.20:59 h. Las siguientes llamadas fueron recogidas por los teléfonos móviles de los operadores telefónicos *Itineris* y *SFR*, quienes facilitaron un listado de las llamadas realizadas los días 30 y 31 de agosto de 1997, entre la medianoche y la una de la mañana, en las áreas Concorde, Vendôme y Alma. Así, Paul Carril, un testigo que se hallaba próximo al accidente, llamó también al número 18 a las 00:23:43 h, en cuanto escuchó el golpe. Esta llamada fue seguida de otra al 112. También Serge Arnai, uno de los fotógrafos que seguían al Mercedes siniestrado, llamó desde su móvil al número 12. Los bomberos llegaron a la escena del siniestro a las 00:32 h.

Otros dos testigos, Bekacem Bouzid y Abdelatif Redjil, que caminaban por la Reine Astrid, entraron precipitadamente en el túnel cuando oyeron el estruendo provocado por el choque. Bouzid declaró que vio a cuatro fotógrafos en acción, identificando a 229 Romualdo. También Damián Dalby, un bombero voluntario, y su hermano Sébastien Pennequin, que viajaban en la dirección contraria a la del vehículo accidentado, abandonaron el coche en la cuneta para prestar ayuda a las víctimas, atestiguando que al menos cuatro fotógrafos se hallaban en la escena e identificando también a Romualdo como uno de ellos. Al tiempo que se acercaban al vehículo, escucharon cómo un fotógrafo gritaba: «¡Ella está viva!», y el resto de fotógrafos retrocedieron. Dalby vio entonces que el doctor Maillez socorría a Diana, y él, junto con otro bombero no identificado, atendieron a Trevor Rees-Jones.

Sebastién Pennequin declaró que él vio a un hombre ayudar siguiendo los consejos de un bombero a través de su teléfono móvil, mientras le describía el estado del herido. Este hombre era James Huth, que se encontraba en un apartamento en Tours Albert y entró en el túnel en cuanto escuchó el impacto. También Clifford Gooroovadoo, un conductor de limousines que esperaba a sus clientes sobre el Pont de l'Alma, oyó el choque causado por el accidente y se aproximó apresuradamente al lugar, donde encontró a cuatro o cinco personas que, cerca del Mercedes, tomaban fotografías, reconociendo a Romualdo, a quien describió como muy agitado: «Romualdo estaba por todas partes alrededor del coche… Él se movía alrededor, en todas las direcciones». Después, habló en inglés con los heridos e intentó tranquilizarles.

El fotógrafo Stéphane Darmon declaró que él fue el primero en entrar en el túnel, donde aparcó su motocicleta, aproximadamente a 10 metros por delante del Mercedes accidentado. Entonces, Serge Arnai llegó y le dijo que había llamado a los servicios de emergencia, y se quedó durante un rato invadido por la tristeza de lo ocurrido. A todo esto, Romualdo admitió que cuando se bajó de su moto corrió hacia el Mercedes y tomó tres fotografías. Pero el informe no deja claro si fue antes o después de sacar estas imágenes cuando Romualdo abrió la puerta trasera derecha y tomó el pulso a la princesa, así como a Trevor Rees-Jones, mientras les decía que el doctor ya estaba en camino.

Según el testimonio que recoge el informe sobre Romualdo, este dijo a la policía que desde el momento en que vio a los heridos, comprendió la gravedad de su estado y no hizo fotografías, solo escuchaba a alguien gritar: «¡He llamado a los servicios de emergencia!».

Según reza el informe policial francés, a Romualdo se le encontraron diecinueve fotografías, aunque solamente tres correspondían justo al Mercedes siniestrado y, extrañamente, aparece en ellas un hombre no identificado. Por otro lado, el paparazi Serge Arnai declaró que él había aparcado su vehículo en la dirección de la salida del túnel e inmediatamente había llamado desde su teléfono móvil a los servicios de emergencia, concretamente al número 112, y aunque la cobertura telefónica y la recepción de la llamada no era buena, se aseguró de haber proporcionado los primeros datos de información sobre el siniestro.

Según su testimonio, allí se encontraban Romualdo, Christian Martínez, David Odekerken y Benamou. Después sacó dieciséis fotografías dentro del túnel, de las cuales ocho destacaban al Mercedes completamente solo.

Según un experto en fotografía, una de estas imágenes era, seguramente, la primera foto sacada inmediatamente después del accidente, ya que en ellas se distinguía el humo del coche, las luces todavía conectadas y el airbag del conductor aún inflado. Las otras siete habían sido tomadas después y dando la vuelta alrededor del vehículo, de la espalda al frente. En cualquier caso, nunca se había acercado a los heridos, y la distancia aproximada a ellos sería de 1,5 metros.

También el paparazi Christian Martínez declaró que él había dejado el vehículo de Serge Arnai y que había visto a Romualdo en el lugar del accidente, al tiempo que había oído gritar a alguien: «¡No puedo contactar con el 12!», creyendo que los gritos procedían de Serge Arnai. Después tomó algunas fotografías, antes de ir con Serge a mover el vehículo, y volvió haciendo más fotos, asegurando que fue él quien más imágenes tomó, completando un total de 31. Cuando el experto analizó estas fotografías, aseguró que fue él quien más cerca estuvo de las víctimas, sobretodo de la princesa Diana mientras esta era atendida por el doctor Maillez. De esta forma, tanto el doctor Maillez como los 231 bomberos aparecen en todas esas fotos, imágenes que no se permitieron publicar.

El resto de fotógrafos llegarían mucho más tarde que los servicios de emergencia.

El único apunte extraño en todo este meollo es el que contempla el informe con respecto a esa llamada de Serge Arnai al número 12, que es información telefónica, en lugar de 112, que es emergencias —y el número que él declaró que había marcado—, por lo que de ser así, habría cometido un delito de omisión de auxilio.

No obstante, durante su detención por la brigada criminal, los oficiales de investigación pidieron listados telefónicos e hicieron averiguaciones de los diez últimos números marcados desde su teléfono móvil, y encontraron el 112 justo antes de una llamada a su redactor jefe, Frack Klein, aunque en el listado telefónico de llamadas no aparecía.

De esta forma, ultima el informe, *«por consiguiente, la inconsistencia que existe entre la lectura de sus llamadas en su móvil y las del listado general no puede constituir una ofensa, aunque allí no aparezca ese número»*. Bueno, quizá no sea una ofensa, pero la omisión de auxilio en el accidente podría haberle costado años en prisión, y, por el contrario, la acusación de que no prestó auxilio, podría haberse demostrado falsa y con consecuencias para el denunciante.

Hasta aquí lo que se ha dejado ver del informe francés que incluye miles de páginas. De hecho, me han dicho que sus páginas juntas alcanzan un metro de altura. Por supuesto, no habla del posible embarazo de Diana, tampoco del supuesto compromiso matrimonial entre la princesa y Dodi Al-Fayed, ni de la más mínima sospecha sobre una posible conspiración. Aunque, todas estas cuestiones sí que serán tratadas por Scotland Yard en su investigación Paget, en la que incluso expone alguna discrepancia con el informe francés.

No obstante, esta investigación francesa fue llevada a cabo con tanto secretismo que en el momento en que la policía británica decide hacer su propia investigación y requiere el informe, también les es entregado con cierto retraso (dos años). Pero, como decía al principio de este capítulo, las leyes francesas protegen el secreto de las investigaciones, y queda en voluntad expresa de ellos si deben o no hacerlas públicas. Le puedo decir que hasta el momento continúa estando bajo el más riguroso secreto.

Declaración de Richard Tomlinson

Antes de empezar con el famoso *informe Paget,* quiero decir que entre los documentos que tengo sobre mi mesa para realizar esta investigación, uno ha llamado poderosamente mi atención. Se trata del documento (citado en otros capítulos) del ex agente del MI6 (agencia de inteligencia británica), Richard Charles Tomlinson.

Poco después del fallecimiento de la princesa Diana, Tomlinson dijo saber las circunstancias que habían llevado al Mercedes al fatal desenlace. Su testimonio solo se tomó en cuenta cuando lo hizo bajo declaración jurada y, aunque fue presentada ante el juez Hervé Stephan, el magistrado francés designado por el tribunal parisiense para investigar la muerte de la princesa Diana y de Dodi Al- Fayed, así como la del guardaespaldas, Henri Paul, esta declaración no se mencionó hasta que Scotland Yard la incluyó en sus investigaciones.

En su declaración, Tomlinson afirmó haber pertenecido al MI6 y proporcionó una lista abierta de

116 espías británicos, incluyendo información privilegiada de cómo Diana de Gales era espiada por el MI6.

Como decía, en un primer momento, su testimonio no fue considerado válido, aunque con ello puso en peligro su vida; tras su decisión de formalizarla bajo declaración jurada y exponerlo con todo lujo de detalles ante el juez, la perspectiva cambió de sentido y lo que Tomlinson tenía que contar dejó estupefacto a todo el que lo pudo leer. Sin omisión alguna, el documento que el espía había redactado incluía palabras tan alarmantes como, conspiración, atentado y asesinato. Un cóctel de sangre digno del thriller más terrorífico.

La declaración del ex espía se encuentra encabezada por sus datos personales y prosigue con un argumento de cómo hubo un intento frustrado de atentar contra la vida de Milosevich, idéntico a como Tomlinson asegura sucedió con la princesa Diana. Además, incluye datos jugosos sobre espionaje y servicios secretos.

La importancia de esta información íntegra me ha decidido a transcribirla con la fidelidad de un notario. Como verá, Tomlinson relata, como en un libro de trama negra, su vida y los entresijos de los servicios de seguridad, que quedan en entredicho. Por favor, no deje de leerla. Intuyo que le sorprenderá.

DECLARACIÓN JURADA DE RICHARD TOMLINSON

(en relación con el asesinato de la Princesa Diana)

Yo, Richard John Charles Tomlinson, ex-agente del MI6, de Ginebra, Suiza, declaro por la presente:

1. . Creo firmemente que existen documentos en poder del servicio secreto de inteligencia británico (MI6) que aportarían importantes nuevas pruebas en la causa y circunstancias que conducen a las muertes de la princesa de Gales, el Sr. Dodi Al-Fayed y el Sr. Henri Paul, en París, en agosto de 1997.

2. Desde septiembre de 1991 hasta abril de 1995 estuve trabajando para el MI6. Durante este tiempo, vi varios documentos que creo podrían aportar nuevas pruebas y nuevas pistas en la investigación de estas muertes. También escuché varios rumores, los cuales, aunque no tuve acceso a documentos que los respaldaran, estoy seguro de que estaban basados en hechos sólidos.

3. En 1992 estuve trabajando en el centro de control del MI6 y estuve implicado de forma externa en una complicada y gran operación para sacar, de contrabando, armamento moderno soviético de los, en aquel entonces desintegrados y desorganizados, vestigios de la Unión Soviética. Durante 1992, pasé varios días leyendo los abundantes informes de esta operación. Estos archivos contienen una extensa mezcla de notas de contacto, telegramas, informes de inteligencia, fotografías, etcétera, a través de los cuales me fue posible llegar a una detallada comprensión de la operación. La operación implicaba a un amplio número de oficiales y agentes del MI6. En más de una ocasión, tuvieron

294

lugar reuniones entre varias figuras de la operación en el hotel Ritz, plaza Vendôme de París. En el archivo había varios informes de inteligencia sobre estas reuniones, que habían sido escritos por uno de los oficiales del MI6 con base en París en aquel momento (identificado en el archivo solo por una denominación en código). La fuente de información era un informador en el hotel Ritz, que otra vez era denominado en el archivo solo por un número codificado. Este oficial del MI6 pagaba al informador en metálico por su información. Me entró curiosidad por saber más sobre la identidad de este particular informador, porque su número aparecía varias veces y parecía tener un acceso extremadamente bueno a los tejemanejes del hotel Ritz. Por eso, solicité al registro central de archivos del MI6 el expediente personal de este informador. Cuando leí este nuevo expediente, no me sorprendió saber que el informador era un agente de seguridad del hotel Ritz.

4. Los servicios de inteligencia siempre ponen su diana en los servicios de seguridad de los hoteles importantes para conseguir un buen acceso. Recuerdo, sin embargo, que lo que sí me sorprendió fue que la nacionalidad de este informador fuera francesa, y esto se grabó en mi memoria, porque es extraño que el MI6 acceda a reclutar a un informador francés. No puedo decir que recuerde haber leído en el expediente que el nombre de esta persona fuera Henri Paul, pero no tengo la menor duda de que fuera él, analizándolo

a posteriori. Aunque después no me volví a encontrar con Henri Paul durante mi paso por el MI6, estoy seguro de que la relación entre él y el MI6 habría continuado hasta su muerte, porque el MI6 no habría perdido voluntariamente el control sobre un informador tan bien situado. Estoy seguro de que el expediente de Henri Paul contendrá, por lo tanto, notas sobre reuniones entre él y el oficial de control del MI6 hasta el momento de su muerte. Creo firmemente que estos archivos contendrán pruebas de crucial importancia sobre las circunstancias y causas del incidente que causó la muerte de Henri Paul, junto a la princesa de Gales y Dodi Al-Fayed.

5. El oficial de más alto rango no declarado oficialmente en el puesto local del MI6 controlaría normalmente a un oficial de la utilidad y jerarquía de Henri Paul. Los agentes declararon al servicio local de contra-inteligencia (en este caso a la Dirección de Vigilancia Territorial, o DST) que no estaban acostumbrados a controlar a un informador así, porque eso podría llevar a que la identidad del informador se conociera por los servicios de inteligencia locales. En París, cuando murió Henri Paul, había dos agentes del MI6, no declarados oficialmente, con relativa experiencia. El primero era el Sr. Nicolas John Andrew Langman, nacido en 1960. El segundo era el Sr. Richard David Spearman, también nacido en 1960. Creo firmemente que uno de estos agentes, o los dos, sabían algo de Henri

Paul, e incluso probablemente se habían reunido con él poco antes de su muerte. Creo que uno de estos agentes, o los dos, tendrán conocimientos que serían de crucial importancia para establecer la secuencia de los hechos que llevan a las muertes de Henri Paul, Dodi Al-Fayed y la princesa de Gales. El Sr. Spearman, en particular, era un agente extremadamente bien relacionado e influyente, porque, antes de ser destinado a París, había sido el secretario personal del director del MI6, el Sr. David Spedding. Como tal, había estado al tanto de incluso las operaciones más confidenciales del MI6. Creo que resultará ser de relevancia el hecho de que el Sr. Spearman fuera destinado a París justo el mes anterior a las muertes.

6. A finales de 1992, cuando la guerra civil en la antigua Yugoslavia se volvió cada vez de más actualidad, empecé a trabajar sobre todo en operaciones en Serbia. Durante esta época, llegué a conocer al doctor Nicholas Bernard Frank Fishwick, nacido en 1958, oficial del MI6, que en aquellas fechas era el director de planificación de las operaciones en los Balcanes. Durante una reunión con el doctor Fishwick, me enseñó, de modo informal un documento de tres páginas que, tras una inspección más precisa, resultó ser el esbozo de un plan para asesinar al líder serbio, el presidente Slodoban Milosevic. El informe estaba completamente mecanografiado y unido a un acta del consejo de administración, de color amarillo, lo que quiere decir que este era un

documento oficial y responsable. Por eso, todavía debería existir. Fishwick había anotado que el documento fuera enviado a los siguientes oficiales de rango del MI6: Maurice Kendwrick-Piercey, por aquel entonces director de operaciones en los Balcanes, John Ridde, en aquel momento oficial de seguridad de operaciones en los Balcanes, al oficial de enlace del SAS con el MI6 (designación MODA/SO, pero he olvidado su nombre), al director del centro de control para Europa del Este (por entonces Richard Fletcher), y finalmente, a Alan Petty, secretario personal del entonces director del MI6, Colin McColl. Este plan contenía la justificación política para el asesinato de Milosevic, seguida de tres borradores de propuestas sobre cómo conseguir este objetivo. Creo firmemente que el tercero de ellos contenía información que podría ser útil para establecer las causas de la muerte de Henri Paul, la princesa de Gales y Dodi Al-Fayed. El tercer guion sugería que Milosevic podría ser asesinado haciendo que su limousine personal tuviera un accidente. El doctor Fishwick proponía que se produjera el accidente en un túnel, porque la proximidad de un límite concreto en la carretera aseguraría que el choque fuera lo suficientemente violento como para causar la muerte o heridas graves, y también reduciría la posibilidad de que hubiera testigos independientes y casuales. El doctor Fishwick sugería que una forma de provocar el accidente podría ser desorientando al

298

conductor usando una pistola de luz estroboscópica, un dispositivo que es utilizado ocasionalmente por fuerzas especiales, por ejemplo, para desorientar a los pilotos de helicópteros o terroristas, y sobre el cual los agentes del MI6 son adiestrados para su uso durante sus entrenamientos. En resumen, el guion tenía notables similitudes con las circunstancias y los relatos de los testigos del choque que ocasionó la muerte de la princesa de Gales, Dodi Al-Fayed y Henri Paul. Creo firmemente que este documento debería ser cedido por el MI6 al juez que investiga estas muertes y proporcionaría nuevas pistas que podría seguir.

7. Durante mi servicio en el MI6, también supe, de forma no oficial, y de segunda mano, de las relaciones del MI6 con la casa real. La casa real (generalmente vía Ministerio de Asuntos Exteriores) pedía frecuentemente y de forma rutinaria al MI6 que investigara amenazas potenciales a miembros de la familia real durante sus viajes en el extranjero. Este servicio se ampliaría frecuentemente hasta llegar a pedir a los servicios de inteligencia amigos (tales como la CIA) que pusieran a miembros de la familia real bajo discreta vigilancia, ostensiblemente por su propia protección. Este era, en particular, el caso de la princesa de Gales, la cual, frecuentemente, insistía en moverse sin protección personal patente, incluso en sus viajes al extranjero. Aunque el contacto entre la casa

real y el MI6 se hacía oficialmente vía Ministerio de Asuntos Exteriores, supe, mientras estuve dentro del MI6, que había contactos directos extra oficiales entre ciertos oficiales de alto rango influyentes del MI6 y miembros de alto rango de la casa real. No 238 vi ningún papel oficial sobre esto, pero estoy seguro de que la información es cierta. Creo firmemente que los documentos del MI6 aportarían pistas sustanciales sobre la naturaleza de sus vínculos con la casa real y aportarían información vital sobre la vigilancia del MI6 a la princesa de Gales durante los días que condujeron a su muerte.

8. También supe mientras estuve en el MI6 que uno de los paparazzi que seguían de forma rutinaria a la princesa de Gales era un miembro de «*UKN*», un pequeño cuerpo de agentes a tiempo parcial del MI6 que facilitaban servicios variados al MI6, tales como vigilancia y fotografías. No conozco la identidad de este fotógrafo, o si él es uno de los fotógrafos que estaban presentes en el momento del fatal accidente. Sin embargo, estoy seguro de que el examen de los archivos del UKN daría como resultado la identificación de este fotógrafo y permitiría que la investigación judicial eliminara o rastreara más esa potencial línea de investigación.

9. El viernes 28 de agosto de 1998 le di mucha de esta información al juez Hervé Stephan, el juez francés encargado de la investigación del accidente. Ver lo lejos que han llegado el MI6, la CIA y la DST para impedirme que hiciera esta

declaración, y para que dejara de hablar de esto, sugiere que ellos tienen algo que ocultar.

10. El viernes 31 de agosto de 1998, poco antes de mi cita con el juez Hervé Stephan, la DST me arrestó en mi habitación del hotel de París. Aunque no tengo un historial de conducta agresiva, me arrestaron con tal ferocidad y a punta de pistola que me rompieron una costilla. Me llevaron al cuartel general de la DST y me interrogaron durante 38 horas. A pesar de mis insistentes peticiones, nunca me dieron ninguna justificación sobre mi arresto y nunca me enseñaron la orden de arresto. Incluso cuando me soltaron sin cargos, la DST me confiscó mi portátil y mi PDA. Ilegalmente, se los dieron al MI6 y se los llevaron al Reino Unido. No me los devolvieron hasta pasados seis meses, lo cual es ilegal, y me produjo graves perjuicios y costes económicos.

11. El viernes 7 de agosto de 1998 embarqué en un vuelo de la compañía *Qantas* en el aeropuerto internacional de Auckland, Nueva Zelanda, con destino a Sidney, Australia, donde iba a hacer una entrevista para el Canal 9 de la televisión australiana. Estaba en mi asiento, esperando el despegue, cuando un oficial subió al avión y me pidió que bajara. Me dijo que la aerolínea había recibido un fax de Camberra en el que decían que había problemas con mi documentación de viaje. Inmediatamente, le pedí poder ver el fax, pero me dijeron que «*era imposible*». Creo que no existía tal fax. Esta acción fue una estratagema para

301

hacer que me quedara en Nueva Zelanda, y así la policía de allí poder emprender más acciones en mi contra. Llevaba en mi habitación del hotel de Auckland alrededor de media hora cuando la policía de Nueva Zelanda y la NZSIS, el servicio secreto de inteligencia de Nueva Zelanda, vinieron a por mí. Después de ser cacheado y detenido durante al menos tres horas, finalmente me confiscaron el resto del equipo informático que la DST no había logrado quitarme. Una vez más, no me devolvieron mis cosas hasta seis meses después.

12. Además, poco después de hacer mi declaración ante el juez Stephan, me invitaron a hablar sobre esta declaración en una entrevista en directo para la NBC americana. Volé desde Ginebra al aeropuerto JFK el domingo 30 de agosto para hacer la entrevista en Nueva York el siguiente lunes por la mañana. Poco después de llegar al aeropuerto JFK, el comandante del vuelo de Swiss Air pidió a todos los pasajeros que volvieran a sus asientos. Cuatro agentes de inmigración de Estados Unidos entraron en el avión, fueron directos a mi sitio y me pidieron mi pasaporte y carné, y después me sacaron por la fuerza del avión. Me llevaron al centro de detención de inmigración, me fotografiaron, tomaron mis huellas, me tuvieron esposado por los tobillos a una silla durante siete horas, me dieron los papeles de deportación (prueba 1) y me enviaron de vuelta a Ginebra en el primer vuelo disponible. No me permitieron hacer una

llamada a los representantes de la NBC que me estaban esperando en el aeropuerto. Los agentes de inmigración americana —que se mostraron abiertamente compasivos con mi situación y me pidieron perdón por tratarme tan mal— admitieron claramente que actuaban bajo instrucciones de la CIA.

13. En enero de este año, reservé un chalet en el pueblo de Samoens, en los Alpes franceses, para pasar diez días de vacaciones haciendo snowboard con mis padres. Recogí a mis padres en el aeropuerto de Ginebra con un coche de alquiler la tarde del ocho de enero, y salimos hacia la frontera francesa. En el puesto de aduanas francés, nuestro coche fue parado y yo detenido. Cuatro agentes de la DST me retuvieron durante cuatro horas. Al final del interrogatorio, me dieron los papeles de deportación (prueba 2) y me ordenaron que regresara a Suiza. Fíjense cómo, en los papeles, mi supuesto destino ha sido cambiado de Chamonix a Samoens. Eso es así, porque cuando me interrogó por primera vez un oficial junior de la DST, yo le dije que mi destino era Chamonix. Cuando llegó el oficial de alto rango, alrededor de una hora más tarde, tachó la palabra y la cambió por Samoens, sin ni siquiera preguntarme o confirmarlo conmigo. Creo que es porque el MI6 les había dicho mi destino real, habiéndose enterado por escuchas en el teléfono de mis padres en el Reino Unido. Mi prohibición para entrar en Francia es completamente ilegal, según

la ley europea. Tengo pasaporte británico y estoy autorizado a viajar libremente dentro de la Unión Europea. El MI6 ha «*hecho un trato*» con la DST para imponerme esa prohibición, y no han usado ningún mecanismo legal reconocido para negarme mis derechos a tener libertad de viajar. Creo que la DST y el MI6 me han prohibido la entrada en Francia porque quieren evitar que aporte más pruebas a la investigación del juez Stephan, cosa que, por aquella época, estaba planeando hacer

14. Estoy absolutamente seguro de que hay pruebas sustanciales en los archivos del MI6 de su implicación en los acontecimientos que condujeron a la muerte de la princesa de Gales, Dodi Al-Fayed y Henri Paul, y que serían cruciales para establecer las causas exactas de esta tragedia. Creo que han llegado demasiado lejos al obstruir el curso de la justicia interfiriendo con mi libertad de expresión y de viajar, y esto, desde mi punto de vista, confirma mi opinión de que tienen algo que ocultar. Creo que la protección dada a los archivos del MI6, bajo el acta de secretos de Estado, debería echarse a un lado por el interés público y descubrir, de una vez por todas, la verdad que hay detrás de estos dramáticos e históricamente cruciales acontecimientos».

Pues este testimonio que acaba de leer, y que inicialmente fue hecho para la investigación francesa en la muerte de la princesa de Gales, y que en un principio, como he dicho antes, fue dirigida al juez Hervé Stephan, fue ignorado hasta que llegó a manos de Mohamed Al-Fayed, y este lo puso a disposición de la nueva investigación británica.

Según el ex espía, desde que testificó, el servicio de seguridad británico lo ha acosado hasta tal punto que ahora vive en un exilio virtual en Cannes, Francia.

El plan de atentado contra Milosevic se frustró, sin embargo; la declaración que Tomlinson hace sobre el plan que había establecido, y la semejanza en muchos puntos de lo que sucedió la noche del 31 de agosto de 1997 me dejan pasmada. Sobre todo, el apartado en el que menciona a un segundo vehículo implicado. Desde luego, no estoy diciendo que sucediera tal cual relata Tomlinson, pero sí que es un apunte más que se une al resto de piezas del puzle.

Informe Paget

Mohamed Al-Fayed no se arruga ante la adversidad. Esa es la impresión personal en mi entrevista con él en el apartamento de sus almacenes londinenses. Es un hombre fuerte y apacible al mismo tiempo. Confieso que hubo un momento en la entrevista que me conmovió. Sus ojos enrojecidos no disimulaban el dolor, y a mí eso me llegó al alma.

Sé que muchas personas ven en Mohamed Al-Fayed a un oportunista vengándose de que jamás le concedieran el pasaporte británico. Pero yo no lo veo así. Yo veo a un padre que ha perdido a su hijo. Un hombre luchador y roto por el dolor de la pérdida, y que no entiende cómo existen tantas incongruencias y faltas en las investigaciones.

Antes de seguir adelante, prefiero que lea con objetividad un extracto de lo que me dijo. Es fuerte, se lo garantizo.

ENTREVISTA A MOHAMED AL-FAYED

Yo soy el padre que ha perdido a su hijo. Y sé exactamente lo que pasó a la princesa Diana y a Dodi. ¿Cómo voy a dejar a un gánster y un terrorista que siga amparado en la familia real? Un racista, un gánster, gobernando este país. Me refiero al sinuoso príncipe Felipe, el marido de la reina. Él es un nazi, un nazi alemán por naturaleza.

El príncipe Felipe nació en Grecia y su padre era un alcohólico, y su madre estaba loca. Se lo llevaron a los seis años de Grecia a Alemania donde lo educó su tía, que se casó con uno de los generales de Goebbels. ¿Cómo podía aceptar una persona que se había educado con un nazi, con un general de Hitler, a mi hijo que venía de Egipto, que era de otra religión? ¿A alguien que tuviera algo que ver con Diana, la madre del futuro rey de Inglaterra?

Yo he vivido en este país durante cuarenta años y he contribuido con los impuestos, con la economía y el empleo. Tengo decenas de miles de empleados en este país. Es mi país y no me voy a ir. Tengo cuatro niños ingleses. Irme es imposible. La realeza vive en el siglo XVIII y XIX, y creen que están por encima de la ley y creen que son una clase diferente de humanos, gente de sangre azul.

Ellos no aceptaron a mi hijo. Ellos sabían muy bien que Dodi le había dado el anillo de compromiso. Sabían que ese lunes iban a anunciar el compromiso. La noche que fueron asesinados, ella estaba embarazada de Dodi.

Ella me lo dijo: si me pasa algo a mí, estate seguro de que el príncipe Felipe es el culpable, ayudado por la inteligencia británica. La inteligencia británica trabajaba mano a mano con la inteligencia francesa. Ambas colaboraban y hacían el trabajo sucio juntas. Si la inteligencia francesa les necesitaba se ayudaban entre sí. Unían fuerzas. El conductor del vehículo en el que ellos viajaban trabajaba para el MI6 y la inteligencia francesa. Fue fichado por el MI6. Nadie lo sabía y era un agente de seguridad del hotel Ritz, de París, reclutado por el MI6 para cometer este complot, conducir el coche, entrar en ese túnel, que realmente es peligroso. Es una historia tremenda, pero yo me la creo.

Además, hay pruebas que vendrán después porque sobre todo están siendo investigadas por la corte francesa, en París, que no han terminado todavía.

He forzado al gobierno a hacer este proceso. Ellos han cambiado el juez hace unos días, es una juez instructor para esta investigación y han puesto a otra persona del sistema. Espero que ella acepte formar un jurado de doce personas normales. Espero que esto termine porque no les puedes dejar impunes.

Esto es muy difícil. Porque es un gran crimen internacional y lo que han cometido es muy serio. Los dos gobiernos han intentado encubrirlo y no lo voy a permitir. Ya sea en Francia o aquí. Vivimos en el siglo XXI y no puedes hacer eso por motivos de raza. Por el hecho de venir de un país diferente o tener una religión diferente no puedes ejecutar a la gente, matarlos y vejarlos por un mero interés personal. No querían que Diana fuera feliz, no querían que tuviera otra vida después de haber sufrido durante veinte años ese infierno al lado de ese sangriento príncipe Carlos que es un completo idiota.

Alguien como Diana que tenía dos hijos maravillosos. Era la mujer más bella del mundo. Dios la bendijo con tantas cosas. Su... su amabilidad. Cómo iban a dejar que encontrara la felicidad después de tanto sufrimiento. No se lo iban a permitir. ¿Por qué mataron a mi hijo con ella? No puedo dejar que se salgan con la suya. Estoy seguro de que al final, con la ayuda de Dios, toda la verdad saldrá a la luz.

Ellos fueron asesinados porque creían que Diana representaba muchas cosas peligrosas para la familia real. Y, repito, ellos no querían que Diana fuera feliz. No querían que los príncipes William y Henry pudieran tener un hermano o una hermana de una raza diferente. Es realmente increíble. Es una locura que ellos sigan viviendo en el pasado y que se crean que están por encima de la ley, que son gente diferente y que pueden hacer lo que quieran. Lo que me han hecho a mí y a la princesa Diana no voy a dejar que quede impune. No me importa que me acosen, o el tiempo que esto dure. Aunque me persigan por todo el mundo.

Esa familia sangrienta vive en otro mundo y no pueden asesinar a dos personas inocentes. Y dejar a dos niños, maravillosos, que son los príncipes William y Henry sin su adorada madre, solo por un crimen racista. Es muy duro para mí.

Estoy confiado de que algún día encontraré la verdad sobre sus muertes. Soy un gran creyente y sé que Dios no les va a permitir salir impunes de lo que me han hecho a mí y a la princesa Diana. Ella hizo tanto, era un ángel. Visitaba hospitales, siempre estaba con los más desfavorecidos, con los que sufrían. Que Dios bendiga su alma por lo que ella estaba haciendo, por su humanidad y su bondad. Dios no puede permitir que quede impune lo que le hicieron a ella y a mi hijo.

Al-Fayed, convencido, como puede ver, de que su hijo y Diana fueron asesinados, pone nombre y apellido a quién cree culpable. Como he dicho, no se arruga fácilmente. Esa es su versión y así la ha defendido siempre, y así la manifestó ante Scotland Yard que no tuvo otra opción que investigar las sospechas de Mohamed, en lo que denominó *Operación Paget*.

Como le decía la *Operación Paget* es el título que Scotland Yard dio al extenso informe de 832 páginas que costó dos millones de libras esterlinas al gobierno de Tony Blair para que su policía respondiera a las demandas de conspiración para asesinar, planteadas por el propio Mohammed Al-Fayed, como parte interesada, y en nombre de su hijo.

Con todo, también le adelanto que la investigación británica concluye de idéntica manera a la francesa —en la que se basa—, aunque reconoce explícitamente los impedimentos que las autoridades del país galo le plantearon a la hora de facilitarles la información que requerían. Y le avanzo el final porque nunca me pareció que sus conclusiones fueran una incógnita. De hecho, Al-Fayed, estaba convencido desde el principio que el resultado sería el mismo.

Entonces ¿qué es lo que me parece tan importante? Pienso que lo realmente destacable de este episodio es ver cómo los misterios que rodean estas muertes lo siguen siendo aún después de releer todas las conclusiones.

Por este motivo, no voy a transcribir aquí lo que recoge de forma íntegra la *Operación Paget*, sino los apuntes más significativos que he extraído de ella en lo que hace referencia únicamente a cuatro puntos: el Fiat

Uno de color blanco, el posible embarazo de 246 la princesa, un breve apunte sobre los servicios de inteligencia y el conductor del coche, Henri Paul.

Empezando por el Fiat Uno de color blanco que se vio implicado en el accidente, tal y como hemos ido viendo, en un principio fue obviado por la investigación francesa, más centrada en los paparazzi detenidos que en los numerosos testigos que confirmaban la conducción sospechosa de un vehículo blanco que apareció en el lugar de los hechos. Michael Cole, el hombre de confianza de Mohamed Al-Fayed, me resumió en la entrevista que mantuve con él —también en Londres—, la esencia de los hechos. Es muy breve, pero más contundente que las que extraigo de las divagaciones francesas y británicas. La dejo en este recuadro y aprovecho para incluir un par de puntos más hablados con Cole.

EL FIAT UNO BLANCO (ENTREVISTA A MICHAEL COLE)

«Ese coche Fiat Uno nunca fue encontrado, ni siquiera el conductor fue encontrado. Pero hay sospechas sobre quién lo iba conduciendo. Creemos que era un paparazi, noruego, pero que vivía en Francia, James Andanson, posiblemente espía del MI6. Él conducía el coche que colisionó con el de Diana y Dodi.

Ese hombre, un poco después, fue encontrado muerto en su propio coche. El coche estaba incendiado y cerrado desde fuera, estaba cerrado.

Intentaron decir que se había suicidado, pero cuando alguien se suicida, en un coche, lo suele hacer con monóxido de carbono. Cuando alguien se suicida así, el coche nunca está cerrado desde fuera. Dodi y Diana fueron asesinados alrededor de las doce de la noche del 31 de agosto, en París. Durante esa noche, en París y en Londres, dos grupos de personas desconocidas entraron en varias agencias de noticias. No robaron ni dinero, ni maquinaria, ni cualquier otra cosa. Buscaban los discos 247 duros de las fotografías tomadas en el túnel. Eso ocurrió en Londres y en París.

En otras palabras, fue una operación encubierta en Francia por la policía secreta, y en Gran Bretaña por la policía secreta. Estaban preocupados de que se hubieran tomado imágenes en ese túnel y de que pudieran ser enviadas a las agencias. Estas imágenes mostrarían quién estaba en el túnel y lo que ocurría en dicho túnel. No querían que las fotografías se publicaran en ninguna parte».

Por tanto, queda acreditado en la investigación británica la implicación en el accidente del Fiat Uno de color blanco, aunque la conclusión a la que llegan es que no fue el culpable del accidente.

Otra cosa ya parece, si unimos a este argumento, la declaración de los testigos que aseguraron la conducción sospechosa de ese vehículo, que no consiguieron encontrar, que limpiaran la escena del accidente con una inmediatez nada usual, que no funcionaran las cámaras de seguridad en ese momento —a pesar de que quince minutos antes había multas expedidas en ese mismo lugar, lo que implica el correcto funcionamiento de las cámaras de radar minutos antes del accidente— y, finalmente, la aparición meses después del accidente, del Fiat Uno y su chófer calcinados a las afueras de París.

(Por si quiere echarle otro vistazo, le recuerdo que los planos de las cámaras los tiene en la «*Tercera duda*», de este mismo capítulo)

LA AUTOPSIA (ENTREVISTA A MICHAEL COLE)

«Es increíble y sorprendente, pero tardaron cien minutos para llevar a la princesa Diana desde el lugar del accidente al primer hospital que estaba a cinco kilómetros. Ellos pasaron dos hospitales antes, y llegaron a un tercero. Unos cien minutos para hacer cinco kilómetros.

Diana tenía 36 años y hubiera tenido muchas posibilidades de recuperarse completamente, pero tardaron cien minutos en llevarla al hospital. Esto tiene que ser explicado.

Después de la muerte de Diana, fue dada una orden para embalsamar su cuerpo. No había ninguna razón para ello. De hecho, en Francia, es ilegal embalsamar un cuerpo en circunstancias como estas. Antes de la autopsia. Antes de que los forenses examinen el cuerpo. Esta orden vino de Gran Bretaña, seguramente dada por el embajador británico. Ahora, si tú pones un cuerpo en formol se esteriliza, se pierden los indicios de cualquier cosa que pudiera decirte el cuerpo. Es como una momificación. Si hay un embarazo, también se borra.

En cuanto al posible embarazo de Diana, lo que me provoca más sospechas es esa rapidez en embalsamar —sin permiso—, su cuerpo sin practicar antes la autopsia. Un hecho realmente exigible por ley.

Según las investigaciones policiales, no había presencia alguna de embarazo, aunque, como he dicho, resulta difícil mantener esta posición sabiendo que el análisis no se le realizó, como me asegura Al-Fayed, antes del embalsamamiento.

Si esto fue así —la autopsia—, el cuerpo se trató con formaldehído, una sustancia necesaria para esta práctica, pero que anula cualquier resultado que se practique después. Un ejemplo puede ser un embarazo. Como vengo contando, son muchas las contradicciones que existen sobre este tema y muchos los medios que han intentado arrojar luz sobre ello. Un diario británico, *The Independent on Sunday*, publicó, el 21 de diciembre del año 2003, el testimonio de un alto mando de la policía francesa que había tenido acceso a los ocultos informes médicos en los que se aseguraba el embarazo de Diana. El mismo rotativo consultó al juez francés Hervé Stephan, que llevó a cabo la investigación del accidente, admitiendo que para él no era relevante, y no mencionó el embarazo en el informe oficial porque no consideró que esa información tuviese relación alguna con las causas de la muerte. También el *Daily Express*, publicaba, días después, que la princesa Diana había sido embalsamada una hora después de su muerte, a petición de las autoridades británicas, para impedir que se descubriesen pruebas que confirmaran su embarazo. El mismo diario informa de que sus fuentes provienen de una persona vinculada a la investigación francesa, añadiendo que la decisión fue tomada tras conversaciones con representantes del Gobierno galo y de la familia real británica, su familia.

Michel Jay, el embajador de Gran Bretaña en Francia en 1997, se negó a realizar comentarios al diario. La misma negativa recibiría del portavoz del ministerio británico de Relaciones Exteriores.

Dominique Le Compte, el profesor que dirigía el instituto forense de París, y el responsable de embalsamar, así como practicar la autopsia al cuerpo de la princesa, siempre se negó a hacer cualquier tipo de declaración.

Evidentemente, estas negativas no hacen sino acrecentar las dudas y el temor a una posible muerte provocada.

LA INVESTIGACIÓN DE AL-FAYED (MICHAEL COLE)

«Mohamed ha dado toda la información que ha conseguido de forma gratuita a la policía británica, y ha colaborado con los investigadores franceses. Está enfadado porque después de tres años en los que ha gastado 3.6 millones de libras, el Sistema judicial casi no ha hecho uso de estas investigaciones.

Al-Fayed cree que hay algo diabólico en la muerte de su hijo y de la princesa. Durante más de nueve años su expertos han investigado todo esto. Scotland Yard solo ha investigado durante tres años».

Sería un lunes 29 de diciembre de 1997 cuando una publicación española, Interviú, haría saltar todas las alarmas con mucha más fuerza que el resto de las publicaciones hasta entonces editadas. La investigación que incluía entre sus páginas era muestras de una pesquisa que nada tenía que ver con la especulación. Se trataba de una carta escrita por el profesor Pierre Coriat, jefe del departamento de Anestesiología y Reanimación

314

del hospital de la Pitié-Salpêtrière, de París, donde la princesa fue trasladada y atendida tras el accidente y hasta el momento de su muerte.

La carta, o más bien el informe, está escrito sobre papel con membrete del hospital y va dirigido al ministro francés de Interior Jean- Pierre Chevènement, y remitido por el servicio de Anestesiología y Reanimación. Adjunto su texto completo y traducido:

«Sr. Ministro. Como continuación de los reconocimientos efectuados y de los resultados de los mismos, que ya le han sido comunicados, le confirmo por la presente que las extracciones de sangre efectuadas durante la intervención a la que fue sometida la señora Diana Frances Spencer han demostrado, a posteriori, durante el examen post mortem complementario efectuado a petición de usted, un estado de gestación de 9 a 10 semanas.

Reciba un respetuoso saludo».

Las copias de la misma fueron enviadas a tres personas distintas, además de al ministro, en tres sobres independientes con la inscripción de «confidencial»:
- Primera copia a Hubert Vedrine.
- Segunda copia a Bernard Kouchner, ministro de Sanidad.

GROUPE HOSPITALIER
PITIÉ-SALPÊTRIÈRE

47-83, Boulevard de l'Hôpital
75651 PARIS Cedex 13

N° R.I.N.E.S.S. : 750100125

Téléphone : 01.42.17.60.60
01.42.16.00.00
(de l'étranger, composer le :
33 1 et les 8 derniers chiffres)

Département
d'anesthésiologie et réanimation
Chef de Service
Pr Pierre CORIAT

Paris ,le 31 Aout 1997

Monsieur le Ministre,

Suite à l'ensemble des examens et à leurs résultats vous ayant déjà été
communiqués , je vous confirme par la présente que les prélèvements
sanguins effectués au cours de l'intervention pratiquée sur
Madame Diana Frances Spencer ,
ont fait apparaitre, à posteriori, dans le cadre de l'examen post-mortem
complémentaire effectué à votre demande, un état de gestation
de 9 à 10 semaines

Veuillez agréer,Monsieur le Ministre, l'expression de mes respectueuses
salutations.

Copies conformes adressées en trois exemplaires confidentiels
Monsieur Hubert VEDRINE
Monsieur Bernard KOUCHNER, Ministre de Tutelle
Madame Martine MONTEIL Brigade Criminelle   DRP

Tél. 01 42 17 72 54
Fax 01 42 17 73   Signature :
75-0 10012 S

Carta escrita por el profesor Pierre Coriat, jefe del departamento de
Anestesiología y Reanimación del hospital de la Pitié-Salpêtrière,
de París.

- Tercera copia a Martine Monteil, brigada criminal de la DRPJ de París.

Si entiendo que este documento es verdadero, y lo acompaño al resto de indicios que ya he comentado, lo que veo es que con el cuerpo de Diana todavía sobre la mesa de autopsias, el Gobierno francés —desconozco si se le envió copia al Gobierno británico—, obvió una prueba determinante en la investigación sobre la muerte.

No obstante, la repercusión de esta información no se hizo esperar y las autoridades francesas hablaron públicamente, y por primera vez, de que el silencio no era otro que el de mantener el cumplimiento de las leyes que obligan a un secreto médico. Aun así, viendo que la prensa se les echaba encima, deciden ágilmente levantar el secreto para responder al artículo del semanal español, desmintiendo, el mismo Chevènement, la existencia del informe 252 del profesor Pierre Coriat, declaración que sería apoyada en extremo por la comisaria Monteil.

A mi entender, si las informaciones se hubieran hecho públicas en el momento de su conclusión, y estas se hubieran publicado con total transparencia, posiblemente todo habría sido mucho más fácil. Por otro lado, el hecho de que el Gobierno oculte información o la dé incompleta, o tarde, no hace más que incrementar enigmas y sospechas que solo pueden sostenerse con los resultados de las investigaciones privadas que han realizado las partes, incluso los mismos medios de comunicación.

Y volviendo al tema del embarazo, una fuente me asegura que la princesa Diana visitó a un ginecólogo el día trece de agosto en la sección de maternidad del

Brompton Hospital de Londres, donde posiblemente le comunicarían su embarazo. De ahí, puede que se pueda extraer la razón por la cual días más tarde Diana dijo a la revista Paris-Match: «*Puede que determinados acontecimientos de mi vida me obliguen a alejarme de todo esto (se refería a su labor humanitaria) durante una temporada*». Además, no quiero olvidar el testimonio que la princesa hizo a la prensa cuando veraneaba en Saint-Tropez: «*Pronto les daré una gran sorpresa. Esto será lo próximo que haga*».

Es posible que se refiriera simplemente a un cambio de residencia, de país, como también resulta igual de posible que se tratara de anunciar sus planes de boda con Dodi, o bien un embarazo.

Y otro hecho más que me alerta. Si nos remontamos nuevamente a los análisis del hospital francés, un médico que entonces trabajaba en el hospital de la Pitié-Salpêtrière, me asegura que las pruebas que confirmaban el embarazo de la princesa Diana desaparecieron del hospital. La pregunta que le hice al médico se refería a mi interés por este hecho que se publicó en la prestigiosa revista Time el día 22 de septiembre de 1997, que afirmaba que un médico del SAMU había hablado con un compañero suyo que atendió a Diana la noche del accidente y que esta se había llevado la mano al vientre y le había dicho que «*se encontraba embarazada de 6 semanas*». Justo el tiempo de gestación que asegura el informe del profesor Coriat al ministro.

Obviamente, a Diana se le realizaron diferentes pruebas y análisis cuando ingresó en el hospital.

Me dice un reputado médico español que estas pruebas no se hacen con la intención de descubrir un embarazo, aunque este resultaría evidente en algunas de esas revisiones. Por lo general, cuando un paciente ingresa a causa de un accidente, la actuación de los facultativos suele ser muy rápida, y una de las primeras pruebas es practicar un análisis de sangre para comprobar su tipo y, al mismo tiempo, la coagulación de la misma o el nivel de electrolitos y, en mujeres jóvenes, la posibilidad de un embarazo. Esto no quiere decir que si el test sale positivo dejen de practicarle a la paciente las medidas necesarias para salvar su vida, aunque pierda la del feto, pero sí se tiene en cuenta en el caso de practicar alguna prueba más agresiva que, por el momento, resulte más optativa.

Así pues, según todas las evidencias mostradas la conclusión de si la princesa estaba o no embarazada, puede quedar clara para muchos, en uno u otro sentido. Yo también saco la mía.

En lo que se refiere a Mohamed Al-Fayed, él así lo cree cuando me afirma que «*a mi hijo y a Diana los asesinaron porque iban a casarse y porque ella estaba embarazada de Dodi, algo que hubiera significado mucho para la familia real británica que no hubiera aceptado que el futuro rey de Inglaterra tuviera un hermano árabe*».

En fin, sus conclusiones son imponentes, sobre todo porque señala como culpable directamente a la familia real británica, un hecho no probado e imposible de determinar. Me explico. En la muerte de Diana y Dodi existen todas las incógnitas que venimos desvelando en este recorrido, y que muchas de ellas son terriblemente sospechosas de que, como mínimo, se ocultan resultados. La cosa no está clara.

Pero esto no acaba aquí. Recuerdo que en mi anterior libro Diana de Gales, me van a asesinar, escribí un capítulo dedicado a los servicios de inteligencia del que aprendí muchísimo. Hasta ese momento nunca había sido consciente de cómo y cuánto nos vigilan. Y se lo digo a usted, que posiblemente nunca se habrá metido en ningún berenjenal significativo. No digamos ya cuando se trata de una persona ligada a la monarquía, que además goza de un excelente plantel mediático, y que, en los últimos tiempos, había prestado su voz e imagen a las controvertidas minas antipersona.

Ha podido leer en el apartado «*Premonición*», cómo Diana se sentía seguida y de alguna manera amenazada. Tenía miedo, eso es evidente. Pero, realmente ¿de quién tenía miedo la princesa?

Sin dudarlo por un momento, estoy segura de que en su posición privilegiada en palacio, Diana había escuchado hablar de seguimientos —aunque no fueran directamente hacia su persona—, con las más sofisticadas técnicas de espionaje; micrófonos direccionales, espías y guardaespaldas chivatos camuflados como amigos o agentes de seguridad personal, equipos de monitorización de IMEI e IMSI que escuchan y graban simultáneamente las personales, privadas e íntimas conversaciones telefónicas producidas ya sea en Madrid, San Petersburgo, Londres o París. El sistema vigila.

Deduzco que esa información que ella misma había constatado que existía, era la que provocaba una buena parte de sus miedos. De ahí a que, por ejemplo, contratara a expertos que «limpiaran» su casa de cualquier posible escucha —os recuerdo que se encontró un micrófono—, estar pendiente del espejo retrovisor de su coche por si alguien la seguía y lo más importante, el temor, constantemente expresado, de su propia muerte.

Pues bien, en mi anterior libro yo venía a explicar, sobre los servicios de inteligencia, más o menos esto: ECHELON, entre otros, es uno de los sistemas de seguridad más sofisticados y ultra-secretos de espionaje. Conectando satélites con una serie de ordenadores paralelos de alta velocidad, mediante una globalización de la Red permite a la agencia norteamericana, y a los servicios que con ella lo comparten, como es el caso de los espías británicos, interceptar y decodificar cualquier comunicación realizada en el mundo en tiempo real. Así era posible conocer las de la princesa Diana, al ser considerada como uno de los objetivos prioritarios a consecuencia de su activismo para acabar con las minas anti-persona, una tarea que le ocupaba una gran parte de su tiempo tras su ruptura matrimonial con el príncipe Carlos.

Gordon Thomas, estudioso e investigador de los servicios de inteligencia, así lo asegura en su libro Mossad, la historia secreta. No solo que los espías americanos fijaron en Diana su objetivo, sino que, el servicio secreto israelí, el Mossad, como si de una película de James Bond se tratara, tuvo alguna relación en el momento del fatal accidente.

A París llegó, procedente de Tel Aviv con pasaporte y tarjeta de identificación que le acreditaba como un gran hombre de negocios francés, monsieur Maurice, nombre supuesto de un «*yahalomin*», miembro del

Mossad, con el misterioso encargo de su secreta agencia de reclutar para ella a un informador, oriundo del país galo, que les permitiera obtener información de los contactos y de las aparentemente asépticas reuniones que se venían manteniendo en relación con el multimillonario y peligroso tráfico de armas.

Su objetivo no había sido elegido al azar. Se llevaba tiempo analizando el perfil psicológico del espía a reclutar. Este debía ser un hombre vulnerable que permitiera que se le hicieran ofertas para conseguir colmar sus deseos inalcanzables. Aunque ante todo debería ser un eslabón clave situado en el centro de operaciones a investigar, con absoluta libertad de movimientos para garantizar que su información fuera fidedigna, directamente recopilada por él y no proveniente de terceros.

Maurice puso su objetivo en Henri Paul asistente jefe de seguridad del glamuroso hotel Ritz de París. Hombre fornido, casado con él mismo, apasionado por los coches veloces y por las avionetas, sin que sus aficiones se vieran consumadas a causa de su módico salario —no tan módico, pero para según que aficiones, que le voy a contar—, que le permitía vivir de alquiler en un pequeño apartamento parisiense y conducir un Mini de color negro.

Estas ambiciones, junto con el cargo de confianza que ostentaba, hacían de Henri Paul el espía perfecto para los servicios de inteligencia de Israel. Su responsabilidad en el ámbito de la seguridad del Ritz le permitía tener acceso a cualquier recóndito lugar del mismo, sin restricciones.

No tenía que dar explicaciones a nadie para ir desde la cocina hasta la suite imperial, pedir y tener acceso personal y directo a las fichas de los huéspedes del hotel, seguir y rastrear el tráfico de llamadas realizadas desde las habitaciones y, sobre todo, estar siempre en el lugar idóneo para estar perfectamente informado de cómo, dónde y cuándo iban los más variopintos y exquisitos clientes del selecto hotel parisino, ya que él, el aspirante a espía, era el mismo que ocasionalmente ejercía las funciones de chófer de alguno ilustres huéspedes.

Por ejemplo, el Mossad sabía que Henri Paul fue el chófer del último ministro conservador de Gran Bretaña, Jonathan Aitken, encargado de coordinar ventas de armas, logrando tejer una extensa red de contactos con vendedores de Oriente Medio. Sus extraños contactos le costaron su ingreso en prisión; fue condenado por falso testimonio, ya que, durante el juicio, que él mismo inició demandando por calumnias e injurias a un periódico británico, alegó bajo juramento, que su estancia en el caro hotel Ritz de París la sufragó su esposa y no sus contactos árabes. Fue el propio Mossad quien hizo llegar a los abogados defensores del rotativo que la señora del ministro no había estado en París, con lo que, astutamente, conseguía destruir al hombre cuyas actividades consideraba una permanente amenaza contra Israel.

Una vez demostrada la falsedad, y después de su derrumbamiento político, Jonathan Aitken conoció a Ari Ben Menashe, también caído en desgracia como coordinador de inteligencia para el primer ministro Yitzhak Shamir, lo que le proporcionó unos completos conocimientos del funcionamiento del Mossad y de otros servicios de inteligencia israelíes. Y estos mismos conocimientos son los que propician a Ari Ben Menashe crear su propia compañía, contando con varios ex oficiales del servicio de inteligencia canadiense y otros ex trabajadores de agencias israelíes y europeas, prestando servicios profesionales para países africanos y multinacionales.

Sus contactos son mundiales, conseguidos por él mismo en su etapa en la inteligencia israelí, lo que le permiten dominar las técnicas de negociación con los secuestradores y moverse con soltura entre los traficantes de armas, llegando a descubrir que el punto de encuentro para los vendedores de armas y sus contactos europeos es el prestigioso hotel Ritz de París.

El hotel de Mohamed Al-Fayed, el magnate egipcio y cuñado del que imputan ser un supuesto traficante de armas, Adnan Khashoggi, es objetivo de los espías. El Mossad interviene el sistema informático del hotel, aunque necesita contar con un informador que les detalle qué y quiénes pasan por él.

Monsieur Maurice es el encargado de decirle a Henri Paul que él es el elegido por el Mossad para que les dé información de qué se cuece en los halls, las suites, y los comedores de ese hotel.

El agente secreto, antes de darse a conocer a su objetivo, se familiarizó con el entorno del Ritz. Observó cómo en las afueras de su puerta principal se sucedían las guardias de muchos paparazzi a la caza de una fotografía de un famoso huésped. También se percató de que estos tenían un permanente y confidencial contacto con el espía elegido, y que aquellos obedecían instantáneamente a Henri Paul cuando les obligaba a despejar la zona y darse una vuelta a la manzana en las motos en las que solían desplazarse, pese a que después se vieran y compartieran algunas cervezas en los bares cercanos, lugar donde Paul recibía dinero de los fotógrafos por información privilegiada sobre quién estaba hospedado en el hotel y a qué hora se le podía pillar para retratarlo.

La contrastada vulnerabilidad de Henri Paul tranquilizó al agente secreto del Mossad de que su encargo de reclutarle sería positivo. El primer encuentro personal entre el mensajero y el destinatario del mensaje se realizó en un bar de la rue Daunou. El agente secreto constató la anunciada afición del reclutado hacia los coches veloces.

Aunque sutil, pues así están entrenados los espías a la hora de realizar las operaciones de «*contacto frío*», como se conoce en su argot a las de reclutamiento, el agente secreto del Mossad dejó caer a Henri Paul que sus aficiones se podrían disfrutar si colaboraba con su compañía, simplemente dando información de algunos de los clientes del hotel.

Justo en esos días, aunque no era esperable que se registraran en calidad de clientes, se aguardaba la llegada del hijo del dueño del Ritz, Dodi Al-Fayed, junto con su novia, la princesa Diana. Henri Paul estaba enterado y tenía órdenes expresas de que se encargara 258 de su seguridad mientras permanecieran en el París, con especial énfasis en mantener alejados a los paparazzi de la pareja.

Según continúa el autor de Mossad, la historia secreta, el sistema de espionaje ECHELON estaba al corriente de los agobios de la princesa Diana por el acoso de los paparazzi. Lo sabían porque grababan todas sus conversaciones telefónicas, incluidas las mantenidas durante el crucero con Dodi, quien le aseguró que, utilizando los servicios de protección de su padre garantizarían su intimidad.

Y también el mismo ECHELON incluyó entre sus objetivos al propio Mohamed Al-Fayed, desde que su hijo Dodi estableció una relación sentimental con la princesa.

Sus conversaciones telefónicas eran igualmente escuchadas y grabadas por espías de los diferentes servicios secretos que también pudieron oír y conocer sobre la llegada de la pareja a París. Por el mismo sistema, también escucharon cómo Mohamed Al-Fayed anunciaba, vía telefónica, a su círculo más íntimo, la promesa de matrimonio con la princesa que su hijo iba anunciar en esos días.

Henri Paul

El nombre de Henri Paul aparece constantemente en este libro, y en el informe policial de Scotland Yard, que intenta dar todos los detalles posibles sobre su comportamiento, sus hábitos y sus hobbies, concluyendo que el chófer era consumidor de alcohol, causa por la que pudo perder el control del vehículo, provocando el accidente.

Con todo, como viene siendo habitual en este tema, existen muchos interrogantes. Tal vez el más importante es el testimonio que ofrecen los investigadores particulares —todos de gran prestigio—, que contrata Mohamed Al-Fayed y que concluyen en las irregularidades observadas en la autopsia que se le practica a Henri Paul. Las mismas conclusiones fueron entregadas a los miembros de la investigación de la Operación Paget, con la intención de que fueran estudiadas y revisadas las incongruencias.

EXPERTOS DE AL-FAYED PARA LA INVESTIGACIÓN

Meter Vanezis, profesor forense en ciencias médicas de OBE MB, ChB, MD, PhD, FRC, FRCP (Glasgow), y DMJ; John Oliver, profesor forense en toxicología de B.SC, PhD, científico y químico de la sociedad Real de Química; Atholl Johnston, profesor químico de farmacia en el hospital St. Bartholomew's y en la Real Escuela de Londres de Medicina y Odontología, así como también de la Universidad de Londres; Patrice Mangin, profesor de medicina legal y director del Instituto Legal de Medicina de la Universidad de Lausana, graduado en medicina con certificación especial en neurología y de medicina Forense; Thomas Krompecher, profesor de patología forense en Suiza y miembro de la Asociación de Medicina Forense, así como experto en patología forense; Wolfang Eisenmenger, profesor de medicina forense en la Escuela de Medicina de la Universidad de Munich, director de la Universidad del Instituto Forense de Medicina de Munich y presidente de la Sociedad Alemana de Medicina Forense.

Pero veamos lo que nos dicen. La autopsia de Paul fue practicada en el Instituto Forense de Medicina, 2 place Mazas 75012 de París, por el doctor Pepin, doctorado en ciencias y en farmacia, biólogo y experto del laboratorio independiente toxicológico en París.

Henri Paul nació el día 3 de julio del año 1956 en Lorient, Sothern Brittany. Él era uno de los cinco hijos de un trabajador municipal, Jean Henri Paul, y de una profesora, Gisèle Paul. Fue educado en Lyon St. Louis School hasta obtener el bachillerato en matemáticas y ciencias. Paul sabía tocar el piano y obtuvo su licencia de piloto con 605 horas de vuelo.

Entre 1983 y 1986, Henri Paul trabajó en el hotel Ritz como empleado asalariado. Previamente, había abierto una agencia de detectives privados que al parecer no dio los frutos esperados, y fue entonces cuando entró a trabajar como oficial de seguridad del hotel Ritz.

Volviendo a la autopsia, un punto que me sorprende es la cantidad exagerada de monóxido de carbono, que se encuentra en su cuerpo, y que de ser real —según el experto forense con quien he hablado—, hubiera imposibilitado totalmente los movimientos del chófer. Obviamente, no era así. Henri Paul fue grabado por las cámaras del Ritz, hablando y caminando de forma natural. Es más, para que se haga una idea, esa cantidad de monóxido de carbono es la misma que presentan los fallecidos en incendios o en suicidios por inhalación de humo. No lo entiendo.

Extractos de la autopsia oficial de Henri Paul

Una semana después de su fallecimiento, la Brigada Criminal registró su apartamento en el número 33 de la rue des Petits Champs, y anotan que en el salón encuentran un armario que contenía bebidas como vino tinto, champán, Ricard, cerveza; sobre la mesa, diferentes botellas de Martini blanco, vodka y vino; en el refrigerador Paul tenía una botella de champán y dos botellas pequeñas de cerveza; en un armario de la cocina, había más botellas de Ricard, bourbon y Martini blanco, y en el cubo de la basura, se encuentran diversos recipientes vacíos de bebidas no alcohólicas. Hasta aquí, no me parece nada extraño.

En el mismo registro a la vivienda se encuentran objetos como dos teléfonos móviles marca Ericsson, tres teléfonos de línea principales, un fax y un contestador automático. En el botiquín del cuarto de baño tenía medicinas, la mayoría de ellas para tratamientos caseros como la indigestión, inflamación y dolores de cabeza. Por el momento, sigue pareciéndome normal.

En su despacho se localiza un archivo con recibos y contratos de cuentas de diferentes bancos, con sus extractos actualizados. Resumiendo, entre todas ellas, Henri Paul tenía, en el momento de su muerte, la cantidad de 170.000 libras, que corresponden a unos 272.000 euros, una cantidad bastante extraordinaria. Pero aún llama más mi atención la elevada suma que se encuentra en su bolsillo el día de su muerte y que no fue retirada de ninguna de sus cuentas —12.000 francos—, como también me sorprende que una gran parte de sus ingresos, 43.000 francos fueran ingresados en los ocho meses anteriores.

La versión de sus amigos y algunos familiares es que Henri Paul recibía grandes propinas de algunos de los prestigiosos clientes del hotel donde trabajaba. Sin embargo, queda la sospecha de que se tratara de un dinero de recepción dudosa, sobre todo si tenemos presente la declaración jurada de Richard Tomlinson, y lo que dice Gordon Thomas en su libro. Ambos sugieren que Henri Paul podía haber estado trabajando para los servicios secretos. De hecho, un periodista americano que dijo tener un informador en la agencia de seguridad americana, aportó documentación sobre la relación de Henri Paul con los servicios secretos franceses y sobre una reunión que tuvo con ellos el mismo día del accidente, durante la cual le entregaron 12.000 francos, que es la cantidad exacta que se encuentra en su bolsillo tras el accidente.

«Éramos proveedores de los Al-Fayed desde hacía tiempo. Fue durante una visita a Mónaco cuando la princesa Diana vio el anillo en uno de nuestros escaparates y lo quiso. Debíamos adaptarlo,

pero el taller estaba cerrado el mes de agosto y me acuerdo que hicimos saber al secretario de Al-Fayed que solo podíamos realizar su encargo a principios de septiembre. En este momento recibo una llamada directa de Dodi Al-Fayed que me dice que iban a anunciar su compromiso oficial la primera semana de septiembre y que necesitaban el anillo, así que hicimos lo necesario para abrir especialmente para ellos el 30 de agosto (de hace veinte años).

Hay que pensar que fue un día bastante caótico, como suele suceder con este tipo de personajes. Habíamos quedado a las tres, después son las cuatro. Yo debía ir al Ritz, finalmente es él el que viene a la joyería. Hacia las seis de la tarde, Dodi vino, se quedó cinco minutos y lo hablamos todo. Ya sabía lo que quería. Quedamos en vernos con la princesa Diana la semana siguiente porque querían comprar algo más. Por eso, esa tarde no le dimos un anillo, sino varias cosas más.

Veinticuatro horas después del accidente recibimos una llamada procedente del diario británico The Sun, y nos dicen «sabemos que ustedes han hecho llegar un anillo a la princesa. Lo negué. Les dije que para nada, porque la política de la casa ha sido siempre el silencio; por respeto a sus hijos, además, tenemos un tipo de clientela y nos debemos al secreto profesional. Pero el tabloide The Sun insistía, asegurando que lo sabían a través de alguien del hotel Ritz, que seguramente vendió la información.

Así que me decían: "Usted puede continuar negándolo, pero lo sabemos". Les dije: "Pueden ustedes hacer lo que quiera, pero no haré ningún comentario".

Y resistimos así, hay que decirlo así, bajo la presión. Una presión importante durante cinco años, en los que no hablamos con nadie. Tampoco a Mohamed Al-Fayed. Pero un día, el guardaespaldas escribe un libro en el que afirma que el anillo no existió. Ese día encontré que ya era suficiente. Así que llamé por teléfono a Al-Fayed para contarle algo que él no sabía: que existía una cinta de la cámara de seguridad de la visita de Dodi con el guardaespaldas, entrando en la tienda.

Nuestro papel no era juzgar, o saber si existía algo o no. Le dije a Al-Fayed, si usted me escribe, a través de sus abogados y me dicen que quieren la cinta, se la doy. Yo no puedo divulgarla, pero usted sí. Y así ocurrió. Aceptó la cinta y la divulgó como una forma de mantener su tesis».

Trevor Rees-Jones, el guardaespaldas que sobrevivió al accidente, fue un testimonio importante en la declaración a la policía de Scotland Yard. Le recuerdo que en el accidente perdió temporalmente la memoria, y cuando la recuperó escribió un libro con bastantes incongruencias que tuvo que explicar más tarde ante el juez. La más relevante de ellas era la que hace referencia al anillo de 263 compromiso que Dodi regaló a Diana esa misma noche. Según Rees-Jones, Dodi nunca fue a la tienda de Repossi, ni compró el anillo. Añadió que ese día junto a la pareja iban además de él, otros dos guardaespaldas, Kieran Wingfield y François Tandil.

Sin embargo, el argumento de Trevor quedó en desmentido cuando se aportaron las cámaras de seguridad de la tienda de Alberto Repossi, y en sus imágenes se podía ver con claridad cómo Dodi entraba en la tienda y compraba el anillo. Fue el mismo joyero el que lo refrendó con su testimonio, y lo que testificó —y me contó personalmente—, se lo especifico en el recuadro adjunto.

Aun no entiendo el interés que movió a Rees-Jones a decir una cosa por otra. En fin. El caso es que el guardaespaldas dice cosas interesantes sobre el itinerario de la pareja. Por ejemplo, verifica que iban cambiando los planes constantemente y, aunque el equipo de protección tenía una idea aproximada de los lugares que visitarían, no sabían a ciencia cierta a qué horas se iban a llevar a cabo.

Así, entre las cámaras de seguridad y el testimonio del guardaespaldas, sabemos lo que Henri Paul hizo, bebió y comió en las horas previas al accidente.

Me queda claro, pues, que entre las 22:06 h y las 23:11 h de la noche, Trevor Rees-Jones, Kieran Wingfield y Henri Paul (que se supone había finalizado su jornada laboral), tomaron patatas fritas, pan, cuatro tónicas Schweppes, dos Ricard, dos pasteles y dos cafés, en la mesa del Bar Vendôme (el del hotel Ritz),

Los Ricard fueron pedidos por Henri Paul, según dicen los camareros, Sebastián Trote y Philippe Doucin, con mucho hielo y agua.

30- 8-97 L12H
16:35:05

*Imágenes de los vídeos de seguridad del hotel Ritz (que fueron
distribuidas por la oficina del juez de instrucción del caso).*

334

Henri Paul permanece una hora y cinco minutos en el hotel. Durante ese tiempo, las cámaras de seguridad muestran las diferentes acciones que realiza. A las 22:25 h, camina a lo largo del corredor que sale desde el bar hasta el hall, donde se reúne con Thierry Rocher y François Tendil. Ellos aparecen hablando y Henri parece reírse. A las 22:26 h Henri y Thierry Rocher caminan nuevamente a lo largo del corredor. François Tendil les sigue. A las 22:27 h el chófer habla con los otros chóferes, Philippe Dourneau y Jean François Musa, gerente de *Etoile Limousine*, empresa donde se han alquilado los vehículos.

Después, Thierry y Philippe mantienen una conversación y salen del hotel hacia donde se encuentra aparcado el Mercedes S600. En ese momento, Henri Paul camina por el corredor hasta el restaurante. A las 22:28 h, Thierry y Philippe regresan al interior del hotel, mientras Henri Paul entra en el baño, de donde sale a las 22:30 h y se le ve conversar con Thierry Rocher. Después, Henri Paul le habla de su plan de salir vía rue Cambon y se apresura en terminar el Ricard en su compañía, dirigiéndose minutos después hacia donde se encuentran Dodi Al-Fayed y la princesa de Gales para explicarles que todo está a punto. Regresa de nuevo al Bar Vendôme a las 22:44 h, reuniéndose otra vez con Trevor Rees-Jones y Kieran Wingfield.

A las 23:08 h salen todos juntos del bar y, mientras Trevor y Kieran se dirigen a la suite imperial de Diana y Dodi, Henri habla con Françoise Tendil en el hall Vendôme.

A las 23:10 h, Henri Paul sale del hotel y se dirige hacia el Range Rover e inicia una conversación con Jean

Françoise Musa y, posteriormente, a las 23:12h, se dirige hacia los paparazzi que se encuentran haciendo guardia en la plaza Vendôme, regresando inmediatamente al interior del hotel de donde vuelve a salir fumándose un cigarro, para entrar a las 23:19 h. Allí,en el hall, recibe a Trevor y Kieran, que bajan de la suite imperial.

A las 23:30 h, Henri Paul atiende una llamada de teléfono móvil, colgando el mismo a las 23:32 h y regresando a la conversación con Thierry Rocher y François Tendil en el mismo hall Vendôme.

A las 23:37 h, Trevor Rees-Jones llama desde su teléfono móvil mientras camina junto con Henri Paul y Kieran Wingfield a través del corredor, finalizando su conversación telefónica a las 23:40 h.

Después, a las 23:45 h, cogen el ascensor y descienden hasta la salida del hotel que da a la rue Cambon y observan que está fuera de servicio, encaminándose, mientras charlan, hacia el bar Hemingway, situado en el salón de noche, y volviendo a las 23:47 h junto a la puerta, ahora en servicio, donde mantienen una conversación, al tiempo que se encaminan hacia el vestíbulo, donde los guardaespaldas regresan a su posición junto a la suite imperial.

A las 00:05 h, Dodi Al-Fayed y la princesa Diana salen de la suite, donde aguardan junto a Kieran Wingfield, mientras Trevor Rees-Jones desciende hasta el hall y se reúne con Henri Paul, espera frente a la plaza Vendôme. En ese momento, Trevor grita su nombre y le anuncia que la pareja ya ha salido de la suite, por lo que deben ponerse en marcha.

A las 00:06 h, Dodi Al-Fayed, la princesa de Gales, Trevor Rees-Jones y Henri Paul caminan por el corredor hacia la puerta de la rue Cambon, al tiempo que Kieran Wingfield y Thierry Rocher salen del hotel por la puerta principal de la plaza Vendôme, donde esperan Philippe Dourneau y Jean Françoise Musa, en un intento frustrado por despistar a los paparazzi.

A las 00:08 h, Dodi, la princesa Diana, Trevor y Henri Paul, charlan ante la salida del piso inferior que los lleva a la rue Cambon. Allí permanecen unos minutos, hasta las 00:17 h, hora en la que el Mercedes S280 se aparca junto a la puerta de la rue Cambon. En ese instante, Henri Paul sale del hotel seguido de la princesa Diana y de Trevor Rees-Jones a quien sigue Dodi Al-Fayed.

Henri Paul se sienta al volante, Trevor, como acompañante, en el asiento delantero, y Diana y Dodi en los asientos de atrás. Estos son los últimos momentos en que se vieron a todos con vida antes del accidente.

Hasta aquí lo más relevante de *Operación Paget*, conspiración para asesinar.

Imagino que, tras este maremoto de información policial y judicial, se está preguntando en qué quedó todo esto. Pues bien, resumiendo, cada capítulo del informe concluye en que todas las acusaciones vertidas y que apuntan a que el accidente de Diana y Dodi, fue una conspiración, carecen de fundamento. Y, por último, deciros que el 7 de abril de 2008, el jurado dio como veredicto que Diana y Al-Fayed fallecieron a consecuencia de la «*negligencia grave*» del conductor del Mercedes, Henri Paul, a consecuencia del alcohol, y que las tres personas que murieron en el accidente no llevaban puestos los cinturones de seguridad. Así se cierra el tema, chin pon. Nada de aclarar incongruencias, ni dudas, ni sospechas. Ya está.

Pero en el verano de 2013, una nueva información vuelve a sacudir con fuerza la sospechosa muerte de Diana, y «*obliga*», a que la policía británica emita un nuevo comunicado.

La información llegó a Scotland Yard a través de la Real Policía Militar y decía que Diana «*pudo haber sido asesinada por la élite del ejército británico*».

En el comunicado, la Policía Metropolitana de Londres (MET) decía que tenían una nueva información sobre las muertes de la princesa de Gales, Dodi Al-Fayed y Henri Paul, sucedidas en el túnel de l'Alma de París.

El mismo comunicado añadía que «*esta información es una prueba creíble que debían examinar y evaluar su pertenencia y credibilidad... Esta investigación será realizada por expertos de la policía criminal*». No obstante, Scotland Yard dejó bien claro que esa nueva investigación no suponía la reapertura del caso, como tampoco aclaraba el contenido de la nueva información, ni la fuente de la que procedía. Un contenido que, como era de esperar, trascendió a la prensa británica.

Según el *Daily Telegraph*, los nuevos datos habrían salido a la luz durante el juicio que se acababa de celebrar a un tirador de la SAS (*Special Air Services*, Servicio Aéreo Especial, las tropas de élite del ejército británico), Danny Nightingale, condenado por posesión ilegal de armas.

Uno de los testigos claves del juicio (también del Servicio Aéreo Especial), llamado durante el mismo

Was Princess Diana MURDERED by a British soldier? Metropolitan Police 'assessing credibility' of new claim

Titular del rotativo Daily Mail «¿Fue la princesa Diana asesinada por un soldado británico? La Policía Metropolitana tiene una nueva información "relevante y creíble"».

«*soldado N*», fue la pieza clave en todo este asunto. El caso es que los suegros del soldado, escribieron una carta de siete páginas manuscritas al comandante diciendo claramente que «*el militar le comentó a su esposa que su unidad (SAS) había organizado la muerte de la Princesa*». Toda una noticia. Las sospechas sobre esta nueva hipótesis duraron hasta el 17 de diciembre de ese mismo año, día en el que Scotland Yard vuelve a dar carpetazo a las sospechas con otro comunicado que decía no hay pruebas sobre la implicación militar, en concreto de las fuerzas especiales de élite del ejército SAS, por lo que se descarta iniciar una investigación criminal del caso. La línea de investigación fue seguida de forma razonable y objetiva a fin de evaluar plenamente cualquier posible evidencia. Lo que más llama mi atención en este comunicado es el reconocimiento de que las sospechas giraban en torno a las fuerzas especiales de élite del ejército, información

que obviaron en su primera exposición. Y, aún me parece más curioso que no hubiera ninguna reacción de la casa real, del Gobierno británico, o por lo menos, del Ministerio de Defensa. Mutis total.

Para terminar
- -

Le agradezco enormemente que me haya acompañado en este recorrido, y espero que mi anotación le haya despejado alguna que otra duda. Me quedan muchas cosas por contar, pero, obviamente, esto es un libro, y en algún momento tengo que poner punto final. Sin embargo, no quiero hacerlo sin apostillar un par de comentarios.

Mohamed Al-Fayed nunca aceptó el veredicto del tribunal de Londres fallado en 2008, como también se sintió decepcionado de las conclusiones a las que llegó

Scotland Yard en el 2013. Sin embargo, siempre insistió en que nunca dejaría de luchar para establecer la verdad.

Y otra verdad, es que Diana se había convertido en un personaje de sobras incómodo para el establishment británico que observaba con gran susceptibilidad cómo la cercanía de Diana con la gente, su popularidad y su importante labor benéfica superaba de lejos a cualquier otro miembro de la Familia Real.

Aunque, aún hay otro dato que estoy segura de que sobresale de todos los demás, y es la futura sucesión al trono de su hijo Guillermo. Diana ya no era S.A.R., tampoco formaba parte de la familia real, pero lo que nadie podía quitarle era ser la madre de Guillermo, y algún día, la madre del rey. Si algunos de ustedes son madre o padre, estarán conmigo en lo mucho que pueden influir en un hijo los consejos maternos. No digo más.

Y termino con esto. Con todos los datos expuestos hasta el momento, y teniendo en cuenta varios aspectos irregulares de los hechos, como el cambio del número de identificación en la morgue del cuerpo de Henri Paul; la cantidad de monóxido de carbono que resultan de los análisis —supuestamente efectuados al cuerpo de Paul, pero a saber de quién serían—, propios de muertes por inhalación de humo, y la facilidad con la que Henri Paul se maneja en el hotel Ritz (hablando, comiendo, riendo, organizando), durante las horas previas a su muerte, solo digo, que las causas del accidente puede tener muchas versiones, pero desde luego, no se trató de un chófer borracho.

Y MÁS...

Genealogía de Lady Diana Spencer

Lady Diana Spencer (1961-1997), princesa de Gales, ya contaba al nacer con antepasados de sangre real. Ella nació siendo la honorable Diana Spencer. Cuando su padre se convirtió en conde, ella pasó a tener el título de lady. Y al contraer matrimonio con el príncipe Carlos, se le concede el título de Su Alteza Real la princesa de Gales. Al divorciarse, se le revocó el tratamiento de alteza real, pero continuó manteniendo el título de princesa de Gales.

Aquí dejo una muestra de todo ello, partiendo del primer soberano de la dinastía Tudor, el rey Enrique VII y de su esposa Elizabeth de York, hija primogénita del rey Eduardo IV de Inglaterra (1442-1483), primer monarca de la Casa de York, y de lady Elizabeth Woodville (1437-1492), hija del conde de Rivers.

Escudo de armas de lady Diana, como Princesa de Gales de 1981 a 1996.

344

Henry VII (1457-1509), Rey de Inglaterra
(1485 - 1509)
Casado con:
Elizabeth of York, princesa real de Inglaterra
(1466-1503)
Hija de:
Edward IV de Inglaterra y Elizabeth Woodville of Rivers,
Padres de:
Henry VIII (1491-1547), Rey de Inglaterra
(1509-1547)
Mary, Royal Princesa de Inglaterra (1496-1533)
casado con:
(1) Louis XII, Rey de Francia
(1462-1515)
(2) Charles Brandon, Duque de Suffolk, K.G.
(1484-1545)
padres de:
(2) Lady Frances Brandon
(1517-1559)
casada con:
(1) Henry Gray, Duque de Suffolk, K.G.
(1517- ejecutado 1554)
(2) Sir Adrian Stokes (muerto 1581)
Padres de:
(1) Lady Jane Gray, Reina de Inglaterra in 1553
(1537- ejecutada 1554)
casada con:
Lord Guildford Dudley
(ejecutado 1554)
Hijo de:

John Dudley, Duque de Northumberland y Lord Protector de
Inglaterra
(2) Lady Katherine Gray (1540-1568)
casada con:
Edward Seymour, Conde de Hertford (1539-1621)
padres de:
Edward Seymour, Lord Beauchamp
(1561-1612)
casado con:
the Honorable Miss Rodgers
(1562-1615)
padres de:
William Seymour, II Duke de Somerset
(1587-1660)
casado con:
Lady Frances Devereux
(1599-1674)
padres de:
Lady Mary Seymour
(1628-1673)
casada con:
Heneage Finch, III Earl de Winchelsea
(1627-1689)
padres de:
Lady Frances Finch
(1650-1712)
casada con:
Thomas Thynne, 1er Vizconde de Weymouth
(1640-1714)
padres de:
Honorable Frances Thynne
(1673-1750)

346

casada con:
Sir Robert Worsley, IV Barón de Appuldurcombe,
Padre de:
Honorable Frances Worsley
(1694-1743)
casada con:
John Carteret, III Lord Carteret and Conde de Granville
(1690-1763)
padres de:
Lady Georgina Carteret
(1716-1780)
casada con:
The Honorable John Spencer de Althorp
(1708-1746)
Hijo de:
Charles Spencer, 3er Conde de Sunderland and 1er Lord
Treasurer
y
Lady Anne Churchill,
padres de:
John Spencer de Althorp, 1ert Earl Spencer y Vizconde de
Althorp
(1734-1783)
casado con:
Georgiana Margaret Poyntz
(1737-1814)
padres de:
George John Spencer, 2o Conde Spencer, K.G.
(1758-1834)
casado con:
Lady Lavinia Bingham
(1762-1831)

Hija de Charles Bingham, VII Barón Bingham y 1er Conde
Lucan,
padres de:
Frederick Spencer, IV Conde Spencer, K.G.
(1798-1857)
casado con:
(1) Elizabeth Georgiana Poyntz
(1799-1851)
(2) Lady Adelaïda Horatia Elizabeth Seymour
(1825-1877)
padres de:
(3) Charles Robert Spencer, VI Conde Spencer
(1857-1922)
casado con:
The Honorable Margareth Baring
(1868-1906)
padres de:
Albert Edward John Spencer, VII Conde Spencer
(1892-1972)
casado con:
Lady Cynthia Eleanor Beatrix Hamilton
(1897-1972)
padres de:
Edward John Spencer, VIII Conde Spencer
(1924-1992)
casado con:
The honorable Frances Burke-Roche
(nacida 1936)
Hija de:
Barón de Fermoy (divorciado en 1969)
padres de:
Lady Diana Spencer (1961-1997)

casada con:
HRH Prince Charles de Gran Bretaña e Irlanda del Norte
Príncipe de Gales, Duque de Cornwall y Rothesay, entre
otros títulos,
(nacido 1948; divorciado 1996)
Hijo y heredero de:
HM Elizabeth II, Rey de Gran Bretaña e Irlanda del Norte
y
Príncipe Philip Mountbatten,
Duque de Edinburgh
padres de:
HRH Príncipes William y Henry de Gran Bretaña e Irlanda
del Norte

Mis referencias

Llegados a este punto le sigo confesando mi mutis a revelar ciertas fuentes. Algunas me lo han solicitado expresamente, otras, en cambio, no me ha hecho falta que lo hicieran. Sin embargo, para escribir este libro también me he documentado en algunos libros, documentales, programas de televisión, y noticias de prensa. Muchos están citados durante el texto, y otras referencias que puede resultarle interesantes si desea obtener más información, se las cuento ahora.

Sobre la investigación, me parece oportuno destacar:

Los libros:
- *Death of a Princess. An Investigation*, by Thomas Sancton and Scott MacLeod. Publisher: Weidenfeld and Nicholson (1998).
- *The murder of Princess Diana,* by Noel Botham. Publisher: Metro Books. (2007).

El informe judicial:
- The Operation Paget; inquiry report into the allegation of conspiracy to murder, by Lord Stevens of Kirkwhelpington. (2006).

En cuando a documentales, he visto muchos, pero uno de los que más he utilizado para notas ha sido:
- Princess Diana: The Secret Tapes. NBC. (2004).

De los datos económicos de Charles Edward Maurice Spencer:

- Beta.companieshouse.gov.uk

Y, para la parte más hogareña, y hacerme una idea para los perfiles psicológicos, me ha servido de gran ayuda el libro:
- *Lady Di chez elle*, by Carretier Marie Pierre et Whitaker Yvonne. Publisher: ALBIN. (1987)

En cuanto a las referencias que hago de Isabel de Austria, me ha resultado muy útil:
- *The Reluctant Empress: A Biography of Empress Elisabeth of Austria*. Publisher: Ullstein (1996).

Y, por último, un breve libro biográfico comprado en el mismo museo del palacio de Hofburg:
- *Isabel, emperatriz y reina*, by Olivia Lichtscheid and Michael Wohlfart. Publisher: Schönbrunn Kultur (2016).

Printed in Great Britain
by Amazon

fcbb0631-9062-49d7-8c11-b1aa5586dda5R01